Leben unter Füchsen

MEINER FAMILIE GEWIDMET

Günther Schumann

Leben unter Füchsen

Die Geschichte einer einmaligen Freundschaft
mit wildlebenden Füchsen

Wartberg Verlag

Anmerkung für fotografisch interessierte Leser

Für die Fotos dieses Buches verwendete ich die Kleinbild-Kameras CANON EOS 5 und EOS 600 sowie MINOLTA X 700. Je nach der erforderlichen Situation kamen folgende Objektive zum Einsatz: CANON EF 3,5-4,5 / 70-210 USM; CANON EF 3,5-5,6 / 35-350 L USM; Minolta MD 3,5 / 35-70; Vivitar Serie 1 3,5 / 70-210 und NOVOFLEX / LEITZ TELYT 6,8 / 560.
Zur Dokumentation der Vertrautheit von Füchsen mir gegenüber benutzte ich zur Auslösung der abseits auf dem Stativ aufgebauten Kamera anfangs ein elektr. Fernauslösekabel, später den Infrarot-Funkauslöser TELPO.
Um unterschiedlichen Belichtungsverhältnissen gerecht werden zu können, verwendete ich folgendes Filmmaterial: Agfachrom und Fujichrom 100; Fujichrom 50 Velvia sowie Kodakchrom 200.

Fotonachweis
Alle Fotos Günther Schumann

3. Auflage 1995

Druck: Interdruck, Leipzig
Buchbinderische Verarbeitung: C. Fikentscher Großbuchbinderei GmbH, Darmstadt

34281 Gudensberg-Gleichen,
Im Wiesental 1, Tel. 05603/4451
ISBN 3-86134-227-8

Einleitung

Reineke, der Fuchs ist eines der bekanntesten einheimischen Wildtiere und nimmt daher eine Sonderstellung unter ihnen ein.

Er spielt - oft als Hauptfigur - in Erzählungen, Märchen, Sagen und Fabeln eine bedeutende Rolle.

Dieses ob seiner Intelligenz und „Listigkeit“ hochgelobte und ob seiner angeblichen Verschlagenheit und seiner Räubereien vielfach auch gehaßte und immer wieder gejagte Tier ist auch die Hauptfigur des vorliegenden Buches.

Meine jahrelangen Beobachtungen einer Fuchsfamilie und ihres Anhangs brachten bemerkenswerte und erstaunliche Einblicke in das Familienleben und das Verhalten der Rotfüchse. Oft gelang es mir, dieses auch fotografisch zu dokumentieren.

Das entsprechende Vertrauen aufzubauen, gelang anfangs über die Darreichung kleiner Leckerbissen und insbesondere durch stetige, ausdauernde und einfühlsame Kontaktaufnahme. Dadurch wurden Beziehungen zwischen Mensch und Wildtieren möglich, die - besonders beim Fuchs - bisher in freier Wildbahn kaum vorstellbar waren.

Natürlich müssen viele glückliche Umstände zusammentreffen, um solch dauerhafte und durchaus freundschaftliche Verbindung zu einer so überaus scheuen Tierart zu bekommen. Einer Tierart, die, wie der Fuchs, durch jahrhundertelange, mit allen Mitteln durchgeführte Verfolgung äußerst vorsichtig und mißtrauisch geworden ist und sich dank ihrer Intelligenz, Lern- und Anpassungsfähigkeit immer wieder behaupten konnte.

Ohne das uneingeschränkte Vertrauen dieser freilebenden Füchse mir gegenüber wäre ein Beobachten und Studieren aus allernächster Nähe unmöglich gewesen. Nur so konnte ich ihren täglichen Lebensrythmus, ihren Daseinskampf, aber auch ihr friedliches Miteinander - bei allen nötigen Selbstbehauptungen und Auseinandersetzungen - vom Heranwachsen der Jungen bis hin zu Verlusten durch Krankheit und Tod miterleben.

In das intime Familienleben von Wildtieren Einblick zu erhalten, ohne als störend oder gar gefährlich angesehen zu werden, erfüllt mit großer Freude und ist überaus beglückend.

Bereits in meinem ersten Buch „Mein Jahr mit den Füchsen" berichtete ich vom Beginn und der Entwicklung der Beziehungen zu einer Fuchsfamilie, zu Feline, Mohrle und ihren Kindern.

Die ersten Kontakte knüpfte ich zu Feline, als diese etwa sieben bis acht Wochen alt war.

Im folgenden Winter - zur Ranzzeit - gesellte sich zu Feline außer Mohrle ein weiterer Rüde, Felix. Auch bei diesen entwickelte sich im Lauf der Zeit mir gegenüber ein besonderes Vertrauensverhältnis, ebenfalls bei den im darauffolgenden Jahr von Feline zur Welt gebrachten Welpen.

Neben den genannten Füchsen näherte

Über einen Zeitraum von zwei Jahren hatte ich zu „meiner“ wildlebenden Fuchsfamilie ein Vertrauensverhältnis aufgebaut, das wohl einmalig ist

sich mir in der Zwischenzeit eine weitere ausgewachsene Fähe, von mir kurz Molli genannt.

Sie mußte mindestens gleichaltrig mit Feline sein. Anfangs bekam ich sie nur sporadisch zu Gesicht, später immer öfter und mit der Zeit wurde auch sie mir gegenüber vollkommen vertraut. Etwa ein dreiviertel Jahr nach unserer ersten Begegnung nahm sie mir zum erstenmal Futterbröckchen aus der Hand ab.

Auch Molli integrierte sich im Laufe der Zeit in den von mehreren Füchsen bewohnten Waldbereich, wobei sich die von den einzelnen Füchsen bevorzugten Lebensräume offensichtlich teilweise überdeckten. Nur hin und wieder kam es in diesen Grenzbereichen zu Streitigkeiten untereinander, meistens wurde der Nachbar ohne weiteres geduldet, wenn er nur nicht zu sehr auf den Pelz rückte.

Eine konsequent eingehaltene bzw. verteidigte Reviergrenze ließ sich nicht feststellen.

Soweit zur Vorgeschichte.

Das hier nun vorliegende Buch schildert den weiteren Lebensweg der Fuchsfamilie mit neuen Erlebnissen und Erkenntnissen.

Die Jagd auf den Fuchs wird oft widersprüchlich diskutiert und auch von vielen Forstleuten zwiespältig betrachtet.

Für eine Bejagung werden die Argumente, daß der Fuchs sich natürlich auch mal an Haushuhn, an Hase und Rehkitz vergreift, ins Feld geführt. Ein weiteres Argument ist die Verbreitung des Fuchsbandwurms, diese kann wohl nur durch die Jagd auf den Fuchs reduziert werden. Die Tollwut dagegen ist in weiten Bereichen Deutschlands durch jahrelange Maßnahmen zur Immunisierung der Füchse mit großflächig ausgebrachten sog. „Tollwutködern" sehr stark zurückgedrängt bzw. erloschen. Dadurch ist der Fuchsbestand gebietsweise stark angestiegen.

Andererseits sprechen die immensen Schäden, die durch hohe Mäusepopulationen, besonders im Winter, an Laubholzkulturen und -dickungen entstehen, gegen die Jagd auf den wichtigsten natürlichen Feind der Mäuse, den Rotfuchs.

Vielfach muß in erheblichem Umfang Gift zur Mäusebekämpfung eingesetzt werden, um der Vernichtung von solchen Waldbeständen vorzubeugen oder die Schäden zumindest zu begrenzen.

Wenn, wie in der Literatur angegeben wird, ein Fuchs im Jahr bis zu 4000 Mäuse vertilgt, kann man sich leicht ausrechnen, wieviele nichtgefressene Mäuse Schaden anrichten können, wenn nach einer Drück- oder Treibjagd fünf, sechs und manchmal auch mehr Füchse auf der Strecke liegen.

Wildbiologen gehen davon aus, daß Füchse imstande sind, eine starke, durch die Jagd oder andere Ursachen bedingte Reduktion durch eine erhöhte Geburtenrate auszugleichen.

Viele Forstämter haben, zumindest in Jahren mit hohen Mäusepopulationen, die Jagd auf Füchse untersagt. Nach einer mir vorliegenden Mitteilung sollen beispielsweise rund 50 % der Forstämter im Bundesland Bayern so verfahren.

Mögen die Begründungen pro und kontra Fuchsjagd jeweils ihre Berechtigung haben, so sollten wir jedoch im Fuchs, wie in jedem anderen Tier auch, in erster Linie immer das Mitgeschöpf sehen und achten.

Im nordhessischen Reinhardswald ist in einem begrenzten Gebiet, dem speziellen Lebensraum „meiner" Fuchsfamilie, die Jagd auf Füchse - seit Anfang meiner ersten intensiven Kontaktaufnahme zu diesen Tieren vor über vier Jahren - seitens des zuständigen Revierleiters und der Forstamtsleitung eingestellt worden.

Für diese bedeutsame Entscheidung zugunsten der Füchse möchte ich an dieser Stelle den Forstbeamten des Hessischen Forstamtes Reinhardshagen meinen ganz besonderen Dank aussprechen, sicherlich auch im Namen vieler Leserinnen und Leser.

Für die sorgfältige und kritische Korrekturlesung des Manuskriptes danke ich Harald Schumann und Birgit Kaspereit sehr herzlich.

Meine Frau Waltraud hat durch viele Jahre meine vielfältigen Naturbeobachtungen nicht nur verständnisvoll geduldet, sondern auch tatkräftig unterstützt. Ihr sei daher an erster Stelle ganz herzlich gedankt.

Günther Schumann

In Felines Revier ist die Jagd auf Füchse inzwischen eingestellt worden.

Tiefverschneit lag der Winterwald. Märchenhaft und wie verzaubert wirkten die Fichten unter dem dicken, weichen Polster des Neuschnees.

Die Stille wurde nur unterbrochen von sanften Lockrufen eines Dompfaffpärchens, die Farbenpracht seines Gefieders bildete einen reizvollen Kontrast zu den schneebedeckten Fichtenzweigen. Feine Wölkchen silbrigen Pulverschnees stäubten von den Zweigen herab, auf denen sie sich niedergelassen hatten.

Noch war die Schneedecke fast unberührt, nur die Springspur eines Eichhörnchens verlief quer über den Waldweg und verlor sich im Altfichtenbestand.

Langsam brach die Dämmerung herein, aus einiger Entfernung waren die lebhaften, tiefen Rufe eines vorüberfliegenden Kolkrabenpaares zu vernehmen. Wahrscheinlich strebten sie ihren Schlafbäumen zu. Erfreulicherweise brüten vereinzelt Kolkrabenpaare seit einigen Jahren wieder hier im Waldgebiet, aus dem sie seit vielen Jahrzehnten verschwunden waren. Bald blinkten die ersten Sterne am fast wolkenlosen Himmel, spürbar wurde es kälter.

Plötzlich war ganz in der Nähe - mehrmals hintereinander - ein deutliches Bellen hörbar. Darauf hatte ich gewartet: es waren die Ranzlaute eines Fuchses, der damit seinen Standort anderen Artgenossen mitteilte.

Jetzt in der winterlichen Ranzzeit - der Paarungszeit der Füchse - kann man dieses Bellen öfters, besonders in der Dämmerung und nachts, hören.

Langsam entfernte sich das rhythmische Bellen, doch nach einiger Zeit kam es wieder näher. Bewegungslos verharrte ich und lauschte still diesen dumpfen, heiseren Lauten.

Unvermittelt huschte ein langgestreckter Schatten über den Waldweg, wenige Augenblicke später folgte auf gleicher Spur ein zweiter. Hatte ein Fuchsrüde seine Partnerin gefunden? War es gar Feline, meine alte Freundin? Das konnte ich in der zunehmenden Dunkelheit und im kurzen Augenblick des Vorüberhuschens jedoch nicht mehr feststellen.

Während der Ranzzeit waren „meine Fuchs-Damen“ nur sporadisch Gäste am Treffpunkt. Ob sich bei Paulinchen dieses Jahr Nachwuchs einstellen würde?

Der Rüde konnte selbstverständlich auch Mohrle sein. Beide hatten ja bereits im vorigen Winter Hochzeit gehalten.

Auch Paulinchen, die aus dieser Paarung hervorging, und die ältere Füchsin Molli waren ja noch im selben Gebiet - aber von Feline nur bei genügend Abstand geduldet.

Nun hielten sich also, zuweilen gleichzeitig, drei mir bekannte Fähen und ein Rüde in diesem Bereich auf und wahrscheinlich noch der ein oder andere mir unbekannte Fuchs.

Sehr gespannt war ich, wenn ich an den doch sicher folgenden Nachwuchs im kommenden Frühjahr dachte. Auch bei Paulinchen, jetzt eindreiviertel Jahre alt, rechnete ich damit, daß sie im folgenden März oder April Junge bekommen würde. Feline, ihre Mutter, hatte im gleichen Alter im Vorjahr auch ihre Jungen zur Welt gebracht.

Mittlerweile, während ich diesen Gedanken nachhing, hatte sich das Bellen immer weiter entfernt und war schließlich ganz verstummt.

Es war Zeit, den Heimweg anzutreten.

Obwohl ich mich in diesem Winter fast täglich in den Wald zum Fuchsrevier begab, sah ich manchmal tagelang keinen Fuchs. Öfters vernahm ich jedoch ihr Bellen, mal näher, mal weiter entfernt.

Zuweilen wiederum kam eines der Tiere, oder gar mehrere gleichzeitig, ganz vertraut unmittelbar zu mir, um einen mitgebrachten Leckerbissen abzuholen. Zumindest die Fähen hielten dann gegenseitig Abstand, oder es kam zu Drohungen und Streitigkeiten untereinander.

Paulinchen blieb allerdings immer die ängstlichste der drei Füchsinnen und hielt sich meistens, wenn Feline und Molli anwesend waren, etwas mehr im Hintergrund. Das heißt allerdings nicht, daß sie sich bei Streitigkeiten alles gefallen ließ. Gelegentlich setzte sie sich gegenüber Feline oder besonders Molli auch mal energisch zur Wehr, wobei sie letztere einmal regelrecht in die Flucht trieb. Aber auch zwischen Mohrle und einer der Fähen konnte es zum Streit kommen, wenn es um Nahrungsbrocken ging.

Mitte Februar hatte es erneut geschneit. Besonders Molli schien daran großen Gefallen zu haben. Mehrmals beobachtete ich, daß sie vier-, fünfmal hintereinander einen kurzen Anlauf nahm, dann mit den Vorderbeinen einknickte und sich abwechselnd mal links oder rechts seitwärts mit dem Kopf voran in den lockeren Pulverschnee warf, wobei der Schnee jedesmal aufstäubte. Durch den Schub bedingt rutschte Molli jeweils eine Strecke vorwärts, um dabei mit den Hinterbeinen gleichzeitig rasch vorwärtsschiebend noch nachzuhelfen. Während dieses Treibens gab sie winselnde Laute von sich, die hin und wieder gar ins Schreien übergingen. War sie zum Stillstand gekommen, wälzte sie sich mitunter über den Rücken mal auf die eine, mal auf die andere Seite.

Bemerkenswert fand ich, daß Molli dieses Spiel manchmal auch auf verhältnismäßig kleinen Schneeresten trieb, die nach vorangegangenem Tauwetter noch übriggeblieben waren. Mag es eine Art Bad im Schnee gewesen sein oder eine spielerische „Schlittenfahrt“ - auf mich machte es den sicheren Eindruck, als habe sie ihre helle Freude daran.

Einmal saß Paulinchen nur wenige Meter entfernt auf einem etwas erhöhten Platz und schaute Molli bei ihrem vergnügten Treiben zu, sie schien jedoch keine Lust zu haben, sich auch an diesem Spiel zu beteiligen.

Wenn Molli ihre Rutschpartien im Schnee vollführte, stieß sie oft - scheinbar vor Vergnügen - laute Schreie aus. Paulinchen schaute aber immer nur zu

Vielleicht war diese Art Wintersport aber auch eine ureigene Erfindung von Molli, denn bisher konnte ich bei keinem anderen Fuchs solches Verhalten beobachten.

Mit Beginn des Monats März wurde es immer milder, der Schnee war längst verschwunden. Der Vorfrühling kündigte sich an, es wurde lebhafter in der Natur. Das Trommeln der Spechte hallte durch den Wald, erste Drosseln ließen ihren Gesang ertönen, und vereinzelt war das noch zaghafte Gurren eines Ringeltaubers zu vernehmen. Bei einem Beobachtungsgang im Fuchsrevier fand ich die frische Abwurfstange eines Rothirsches. Hirsche werfen jährlich im Frühjahr ihr Geweih ab, manchmal beide Stangen fast gleichzeitig. Sogleich beginnt das neue Geweih zu wachsen und ist im Sommer bereits wieder fertig ausgebildet.

Da die Einzelstange unweit unseres Treffpunktes lag, interessierte es mich, was ein Fuchs tun würde, wenn er unmittelbar auf die Stange träfe. Ich ließ sie also vorerst dort liegen, hielt mich aber weiterhin in der Nähe auf, um abzuwarten.

Einige Zeit später kam Mohrle angetrabt, suchte hier und schnüffelte dort und entdeckte kurz darauf auch die wohl noch nach Hirsch riechende Abwurfstange. Er betrachtete sie aufmerksam, roch daran, prüfte auch mal mit dem Gebiß und ließ sie dann achtlos liegen. Er hatte nach dieser kurzen Prüfung festgestellt, daß das eigenartige, vom Kopf eines Hirsches stammende Ding für ihn nicht weiter von Bedeutung war.

Der März ging dahin, ohne daß sich bei den drei Fähen irgend etwas tat, das darauf hingedeutet hätte, daß sie Mutterfreuden entgegensähen.

Trotzdem suchte ich inzwischen in dem unübersichtlichen Gelände nach einem Bau. Ich vermutete, daß Feline, Molli oder Paulinchen zur Geburt ihrer Jungen einen der zahlreichen Wurzelstöcke der vom Wind geworfenen Fichten auswählen würden. Aufgrund der ungünstigen Bodenverhältnisse war nicht mit einem großen, auffälligen Bausystem, sondern nur mit kleinen Unterschlüpfen und Höhlen zu rechnen.

Als ich eines Tages zwischen sehr weiträumig stehenden, etwa knie- bis mannshohen Jungfichten am Rand einer größeren Dickung nachschaute, polterte urplötzlich etwas Dunkles vor mir weg und verschwand sogleich wieder zwischen einigen dicht stehenden Fichten. Einen Augenblick noch schwankten die bis auf den Erdboden hängenden Zweige. Nach einer kurzen Schrecksekunde war mir klar, daß dies nur ein Wildschwein gewesen sein konnte. Hatte es hier zwischen den lückig stehenden Jungfichten sein Tagesversteck? Oder war es gar eine Bache gewesen, die an dieser Stelle in einem sogenannten „Kessel" ihre Jungen zur Welt gebracht hatte? Dann hieß es äußerst vorsichtig zu sein, die Situation war nicht ganz harmlos.

Behutsam näherte ich mich noch einige Schritte und sah tatsächlich dort, wo vor wenigen Augenblicken das Wildschwein aufgesprungen war, einen flachen Haufen aus trockenen Grashalmen und Farnwedeln. Mittendrin lagen, eng beieinander gekuschelt, fünf junge Wildschweine. Die Frischlinge waren wohl erst wenige Tage alt und sahen recht niedlich aus mit ihrer hübschen Längsstreifung. Leise vor sich hin murrend drängelten sie sich immer enger zusammen.

Vorsichtig, auf jede Bewegung achtend, machte ich aus wenigen Metern Entfernung mit dem kleinen Teleobjektiv, das ich an der Kamera montiert bei mir trug, rasch ein paar Aufnahmen und zog mich vorsichtshalber umgehend wieder zurück.

Bei der Suche nach einem möglichen Fuchsbau stieß ich auf fünf junge Wildschweine. Jetzt hieß es aufpassen, denn die Mutter war sicherlich in der Nähe

Wer weiß, was geschehen könnte, wenn die Bache auch nur Gefahr für ihre Jungen wittern würde. Die Mutter der Frischlinge war wohl nur im ersten Schreck geflohen, aber bestimmt nicht sehr weit, so daß sie die Sachlage immer noch gut kontrollieren konnte. In sicherer Entfernung war mir dann doch wieder etwas wohler zumute.

Einen Fuchsbau fand ich aber trotz aller Sucherei nicht.

Als auch der April vorüberging, ohne daß sich bei Feline, Molli oder Paulinchen Nachwuchs eingestellt hatte, war eindeutig klar, daß es in diesem Frühjahr keine Jungfüchse im Revier geben würde. Das war schon sehr eigenartig und machte mich nachdenklich. Für diese Merkwürdigkeit konnte es nur eine Erklärung geben, und die hing mit dem Nahrungsangebot zusammen: es war ein sogenanntes schlechtes Mäusejahr, und Mäuse sind nun einmal die Hauptnahrung der Füchse. In diesem Frühjahr konnte man aber nur äußerst selten einmal eine Maus beobachten. Offenbar stellt die Natur die Füchse auf die künftigen Nahrungsschwierigkeiten ein, wie sonst sollten drei Fähen im selben Gebiet und zur selben Zeit ohne Nachwuchs bleiben?

In vielen Gesprächen mit Naturbeobachtern, Förstern und Jägern wurde mir bestätigt, daß im gleichen Jahr in anderen Regionen ebenfalls festgestellt worden war, daß dort Fähen bei gleichfalls geringem Mäusebesatz keine oder nur eine relativ geringe Anzahl von Welpen zur Welt gebracht hatten.

Auch in verschiedenen Fachzeitschriften wurden später solche Tatsachen beschrieben und entsprechende Vermutungen geäußert. Schließlich ist beispielsweise längst bekannt, daß auch bei Greifvögeln und Eulen der Bruterfolg vom Angebot der Nahrung - also hauptsächlich dem ausreichenden Vorhandensein von Mäusen - abhängt.

So deutet vieles darauf hin, daß auch beim Fuchs zwischen dem zur Verfügung stehenden Nahrungsangebot und der Vermehrungsrate ein ursächlicher Zusammenhang besteht.

Öfters, wenn ich meine vierbeinigen Freunde besuchte und mich dort auf irgendeinem Baumstubben niederließ, setzten oder legten sie sich in meine unmittelbare Nähe oder auch einige Schritte entfernt, um sich ausgiebig zu putzen, zu ruhen oder auch zu schlafen. Untereinander hielten sie jedoch Abstand. Es ist schon

Nun war es Gewißheit: alle drei Füchsinnen hatten in diesem Jahr keinen Nachwuchs zur Welt gebracht. Mohrle störte das wenig, er machte es sich in seinem Tagesversteck unter einem Wurzelteller bequem

ein beglückendes Gefühl, manchmal mehrere erwachsene Füchse gleichzeitig um sich versammelt zu haben, die bei geringsten Anzeichen der Annäherung fremder Menschen blitzartig im Dickicht verschwinden.

Feline und Mohrle nutzten häufig einen großen Wurzelteller als Tagesversteck. Dieser war, nachdem die Waldarbeiter den gestürzten Fichtenstamm aufgearbeitet hatten, auf den verbliebenen Baumstumpf gestürzt, so daß die aus dem Waldboden gerissene Unterseite schräg nach oben zeigte.

Darunter nun fühlten sie sich offensichtlich wohl, stritten sich aber oft auch um die besten Schlupfwinkel, besonders wenn sich auch Paulinchen dort einquartieren wollte. Es sah recht ulkig aus, wenn der eine links, der andere rechts aus ihren Höhlungen zwischen dem Wurzelwerk hervorschauten und sie sich gegenseitig angifteten.

Um mich zur Beobachtung anzusetzen, ging ich eines Nachmittags einen grasbewachsenen Waldweg entlang. Vorsichtig, Schritt vor Schritt setzend, bemerkte ich plötzlich einen Hasen, der aus dem Dickicht am Wegesrand hervorgehoppelt kam. Ich verbarg mich so gut es ging hinter einer kleinen Fichte und wartete erst mal ab. Da Meister Lampe nicht weit entfernt war, traute ich mich nicht, meinen Sitzhocker abzusetzen noch meine über der Schulter hängende Kamera mit Teleobjektiv zur Hand zu nehmen. Jede kleinste Bewegung oder jedes geringste Geräusch konnten mich verraten. So schaute ich, in gebückter, reichlich unbequemer Haltung, was sich weiter dort abspielte.

Der Hase hoppelte mal hier-, mal dorthin; mümmelte hier an einem Gräslein und dort an einem Blättchen, zwischendurch immer mal vorsichtig in die Runde blikkend.

Plötzlich stand er kerzengrade und so lang wie möglich gereckt auf den Hinterpfoten, dabei drehte er sich um sich selbst im Kreis. Während der Drehungen vollführte er mit den Hinterbeinen kleine Hopser, die Vorderbeine baumelten vor dem Körper. Durch die Drehungen konnte er wahrscheinlich die ungewöhnliche Körperhaltung einige Zeit stabilisieren. Es war recht lustig anzusehen.

Der Wurzelteller bildete ein ideales Tagesversteck. Es war schon amüsant anzusehen, wie sich Feline und Mohrle öfters im Streit um den besten Platz angifteten

Erst jetzt bemerkte ich, daß der Hase den Kopf unterdessen schnellstens links und rechts bewegte, so daß er während der Körperdrehung hauptsächlich den mir entgegengesetzten Waldrand im Blick behielt. Das Schauspiel dauerte schon einige Augenblicke, ich war ob dieses „Tanzes" so überrascht, daß ich gar nicht ans Fotografieren dachte. Aber damit hätte ich die Vorführung wahrscheinlich auch abrupt beendet.

Ebenso unvermittelt, wie der „Tanz" begonnen hatte, brach er auch ab. Meister Lampe ließ sich auf alle Viere fallen und verschwand mit wenigen Sätzen im Unterholz.

Nunmehr entdeckte ich des Rätsels Lösung. Mir genau gegenüber, in der Richtung, in die der Hase dauernd geblickt hatte, ragte kaum sichtbar der Kopf eines Fuchses aus dem Gras. Er war wohl ebenso verblüfft wie ich; der Hase hatte genau zwischen uns beiden seinen „Drehtanz" aufgeführt. Mit einer geschmeidigen Bewegung verabschiedete auch er sich von der Bühne, ich glaube, es war aber keiner meiner Freunde. Den flinken und gewitzten Hasen zu verfolgen, hatte Reineke wohl von vornherein als aussichtslos erkannt. Mümmelmann, der alte Waldhase, aber hatte von seiner „erhöhten" Sicht aus den Fuchs allenthalben gut im Auge behalten.

Anfang Juli mußte ich meine Füchse für vier Wochen verlassen - was mir gar nicht leicht fiel - um einen Kuraufenthalt anzutreten. Nach meiner Rückkehr begab ich mich noch am gleichen Nachmittag in den Wald, um nach meinen Freunden Ausschau zu halten. Ich rechnete nach so langer Abwesenheit natürlich nicht damit, in den ersten Tagen bereits wieder einen von ihnen anzutreffen.

Umso überraschter war ich, als bei meinem Eintreffen Feline bereits am Dikkungsrand saß und mich erwartete, dies hätte ich nicht für möglich gehalten. Nach einigen Augenblicken der Schüchternheit näherte sie sich mir jedoch sehr vertraut und nahm mir sodann auch einen vorsorglich mitgebrachten Leckerbissen aus der Hand ab.

Dieses bemerkenswerte Ausmaß an Anhänglichkeit freute mich sehr und nötigte mir großen Respekt ab. In den nächsten Tagen fanden sich auch die übrigen Mitglieder der „Fuchsfamilie" wieder ein. Der mir befreundete Revierförster erklärte mir auf meine diesbezügliche Frage, daß er, obwohl er tagtäglich dort vorbeikommt, nicht einen einzigen Fuchs während der Zeit meiner Abwesenheit an diesem Platz gesehen hatte. Feline und ihre Artgenossen hatten sich wahrscheinlich, sollten sie auf mich gewartet haben, immer frühzeitig genug in Deckung begeben.

Unterdessen ging der Herbst ins Land. Die Jahreszeit hatte wieder reichlich Pilze beschert, auch im Fuchsrevier waren oft Pilzsucher anzutreffen.

Nach einem Besuch bei meinen Füchsen wollte ich den Heimweg antreten. Mohrle lief noch ein Stückchen neben mir her bis zum Waldweg. Plötzlich kam - fast lautlos - auf einem bisher nicht einsehbaren, vergrasten Weg ein Pilzsucher herangeschlendert, die Augen suchend links und rechts an den Waldboden geheftet. Mohrle hatte ihn wegen des ungünstigen Windes nicht frühzeitig genug wittern können, doch nun war er augenblicklich mit zwei, drei Sätzen unter einem am Weg lagernden Stapel von Fichtenstämmen verschwunden. Als der Mann mit seinem Sammelkorb herankam, stellte ich befreit fest, daß er von meinem vierbeinigen Begleiter ganz und gar nichts bemerkt hatte. Dieser saß währenddessen nur wenige Schritte entfernt unter dem aus nur sieben bis acht Stämmen bestehenden Holzpolter und muckste sich nicht.

Seitwärts hätte er auch nicht ohne aufzufallen entfliehen können, da das bergende Dickicht zu weit entfernt war.

Mit dem Pilzsammler kam ich noch ein wenig ins Gespräch. Er ließ mich sein Sammelergebnis begutachten, wir tauschten einige Erfahrungen über Pilze aus, wobei ich heimlich und verstohlen immer wieder zu den Fichtenstämmen hinblickte. Aber dort rührte und regte sich nichts. Endlich zog der Pilzfreund, mit meinen besten Wünschen versehen, seines Wegs.

Diesmal dauerte es fast ein Viertelstündchen, bis sich Mohrle wieder unter dem Holzstapel hervortraute. Die außergewöhnlichen Fähigkeiten und das Geschick von Reineke Fuchs waren mal wieder deutlich unter Beweis gestellt.

Die Ebereschen hingen in diesem Herbst übervoll von leuchtend korallenroten Beeren, selbst kleinste Bäumchen trugen reichliche Mengen der sogenannten Vogelbeeren. Da Füchse neben Obst auch andere Wildfrüchte verzehren, sofern sie an solche gelangen, war ich neugierig darauf, ob ich auch bei meinen Füchsen die Aufnahme von Vogelbeeren feststellen könnte. Beim Verzehr von tiefhängenden Himbeeren und Brombeeren hatte ich sie schon mehrmals beobachtet. Als das Laub anfing, sich zu verfärben, fielen so nach und nach auch die Vogelbeeren ab. Aber auch die manchmal in Schwärmen auftretenden Drosseln warfen bei der Nahrungssuche viele der Beeren herunter.

Während ich Feline wiederholt beobachten konnte, als sie am Boden liegende Vogelbeeren verzehrte, war ich mehr als überrascht, als Molli sich gar auf die Hinterbeine stellte, um die meist zu hoch hängenden Früchte zu erreichen. Dann versuchte sie noch, auf den Hinterbeinen tänzelnd, durch kleine Sprünge zum Erfolg zu kommen. Bei einer kleinen Eberesche mit relativ niedrig hängenden Beeren gelang ihr das auch. Ich mußte bei diesem Anblick unwillkürlich an die Fabel vom Fuchs und den Weintrauben denken.

In der abgesetzten Losung waren die Reste der Beerenmahlzeit noch deutlich feststellbar.

Während Feline nur am Boden liegende Vogelbeeren verzehrte, vollführte Molli regelrechte Kunststücke, um auch an hochhängende Beeren zu gelangen

Im Herbst begannen meine Gedanken, wieder um die bevorstehende Ranzzeit der Füchse zu kreisen

Nach einigen grauen Nebeltagen zeigten sich mit gelegentlichen Bodenfrösten die ersten Vorboten des kommenden Winters. Häufig waren jetzt große Finkenschwärme auf dem Herbstzug zu beobachten; die meisten Zugvögel waren indessen längst abgereist.

Spannung brachte der Gedanke an die wieder bevorstehende Ranzzeit der Füchse. Wie mochte sie in diesem Winter verlaufen? Und was würde das im nächsten Frühjahr für Folgen haben? Der mir bekannte Fuchsbestand hatte sich gegenüber dem Vorjahr ja in keiner Weise verändert.

Die unruhige Zeit begann, und um die Weihnachtszeit hörte ich die ersten Füchse bellen. Meine Freunde sah ich jetzt nicht mehr so häufig, sie verweilten dann meist auch nur kurze Zeit. Ihr Vertrauen mir gegenüber blieb aber trotzdem nach wie vor gleich fest. Unterschiedlich war das Verhalten der einzelnen Füchse in diesem Zeitraum. Feline und Paulinchen waren sehr unstet und am seltensten zugegen, Mohrle kam schon etwas häufiger, am regelmäßigsten aber ließ sich Molli am Treffpunkt sehen.

Oftmals führte sie dann, wie im vergangenen Winter, ihre winterlichen „Schnee-Schauspiele" vor mir auf, manchmal auch mit Feline und Paulinchen als Zuschauer. Nur einmal sah ich in diesem Winter, daß sich Paulinchen ansatzweise mal kurz an diesem Spiel beteiligte, jedoch in einiger Entfernung von Molli.

Nach dem Jahreswechsel kam es leider zu einem unangenehmen Erlebnis. Mohrle und Feline ruhten in meiner Nähe, als plötzlich am Waldweg hinter der Fichtendickung Hundegebell zu hören war. Erschreckt sprangen beide auf und verschwanden augenblicklich im Dickicht.

Als das Gebell immer näher kam, begab ich mich zum Weg, um nach der Ursache zu sehen. Ich war schon leicht erschrocken, als ich einen Mann des Weges kommen sah, der zwei große Schäferhunde frei laufen ließ. Sein Fahrzeug hatte er, ein paar hundert Meter entfernt, an der Einmündung des Waldweges zur Fahrstraße hin abgestellt. Die Hunde sprangen lauthals bellend ihm auf dem Weg weit voraus und verschiedentlich links und rechts in die angrenzenden Dickungen hinein.

Trotz meiner Empörung über solches Verhalten sprach ich den Hundehalter höflich auf sein Fehlverhalten an, dabei wies ich besonders auf die in ihren Tagesverstecken ruhenden Wildtiere hin. Er reagierte erstaunlicherweise sehr aufbrausend und rechthaberisch mit den Argumenten, seine Hunde seien schließlich auch Tiere, in der Stadt könne er sie nicht so frei laufen lassen und eine Leine habe er nicht

Mit ihrem dichten Winterpelz schien Molli und Mohrle die Kälte nichts auszumachen

dabei, außerdem sei er Mitglied in einem Hundezuchtverein. Auf meine Antwort, daß man gerade dann ein vorbildliches Verhalten erwarten könne, drehte er sich schimpfend um und versuchte laut schreiend seine Hunde zu sich zu beordern, was ihm nur mit mäßigem Erfolg gelang. Immerhin zog er sich zurück und fuhr bald darauf auch ab.

Trotz mustergültigen Verhaltens vieler Hundebesitzer, die im Wald ihre Vierbeiner anleinen, trifft man leider immer wieder einmal auf solche uneinsichtigen Zeitgenossen.

Die Füchse sah ich an diesem Tag nicht mehr.

Nicht lange nach diesem Vorfall kam mir an einem schönen Wintertag auf dem Waldweg eine Gruppe Spaziergänger entgegen. Einer von ihnen führte einen kleinen Hund an der Leine.

Noch waren sie ziemlich weit entfernt, als Molli, die mich bereits bemerkt hatte, seitlich vom Weg zwischen einigen kleinen Fichten erschien. Noch konnten die Spaziergänger Molli nicht sehen und umgekehrt. Da sich die Leute im weichen Schnee lautlos näherten, waren sie für Molli auch nicht zu hören.

Ich sprach nicht laut aber energisch auf Molli ein, sie möge schnellstens verschwinden. Über mein abweisendes Verhalten anscheinend etwas verunsichert, blieb sie zumindest dort stehen und kam nicht herausgelaufen. Dann wurde sie plötzlich aufmerksam, schaute in Richtung der für sie immer noch nicht sichtbaren Spaziergänger, fuhr herum und war im nächsten Augenblick im Dickicht verschwunden.

Erfreulicherweise hatten weder die Leute noch ihr Hund etwas davon mitbekommen. Um nicht aufzufallen, machte ich

Gegen Ende der Ranzzeit kam es zwischen Feline und Molli zu einem erbitterten Streit. Feline unterlag und ließ sich lange Zeit nicht mehr sehen

einige Aufnahmen von der verschneiten Waldlandschaft, erwiderte freundlich ihren Gruß und war erleichtert über den Ausgang der Begegnung.

Wenige Minuten nachdem die Spaziergänger samt Hund hinter einer Wegebiegung verschwunden waren, kam Molli auf meine Zurufe wieder herbeigetrottet als sei nichts geschehen.

Als ich tags darauf an die gleiche Stelle zurückkam, sah ich, daß am Wegesrand ein mächtiger Schneemann aufgebaut war. Vielleicht hatten die Spaziergänger von gestern dieses umfangreiche Gebilde erschaffen. Etwa zweihundert Meter von diesem vergänglichen Kunstwerk entfernt kamen Molli und kurz danach auch Paulinchen aus dem Wald zu mir an den Weg. Dort bemerkten sie sogleich die Veränderung im Landschaftsbild und hielten den Schneemann möglicherweise für einen Menschen. Jedenfalls war er ihnen nicht geheuer, und augenblicklich verschwanden sie wieder im Unterholz. Es dauerte einige Zeit, bis sie sich wieder hervorlocken ließen. Da ich ihnen beruhigend zuredete, blieben sie letztendlich bei mir. Sie schauten aber trotz der großen Entfernung immer wieder äußerst mißtrauisch zu dem unbeweglichen, doch furchteinflößenden, Gebilde und blieben überaus nervös.

Um sie nicht länger diesem Streß auszusetzen, bog ich in einen seitwärts abbiegenden Waldweg ein, wobei mir beide folgten. Als das ungewöhnliche Etwas aus unserem Blickfeld gekommen war, legte sich die Anspannung deutlich.

Eines Tages gegen Ende Februar - und damit auch am Ende der Ranzzeit - kam es zwischen Feline und Molli zu einem erheblichen Streit, der schließlich in einen ernsthaften Kampf auszuarten schien. Beide Fähen hatten sich, zuerst auf Abstand, gegenseitig mit weit aufgerissenen Schnauzen, drohendem Gebiß und angelegten Ohren angefaucht. Plötzlich fielen sie kreischend und winselnd übereinander her und wälzten sich im Schnee. Der Angriff erfolgte so überraschend, daß ich nicht erkennen konnte, welche der beiden der eigentliche Verursacher war. Mal lag Molli auf dem Rücken, die vorgestreckten Beine abwehrend Feline gegen die Brust gestemmt. Beide versuchten gegenseitig äußerst lautstark, ihre gefährlichen, zahnstarrenden Rachen bedrohlich der Gegnerin zu nähern beziehungsweise umgekehrt diese abzuwehren. Kurz darauf kam Feline in Bodenlage, es war ein stetiger Wechsel, ohne daß eine der beiden überlegen zu sein schien.

Kurzzeitig ließen sie voneinander ab, wobei die im Augenblick am Boden liegende Feline fast zusammengerollt und winselnd liegenblieb, während Molli weiterhin drohend im Bogen um sie herumlief. Aber dann fielen sie wieder übereinander her. Trotz der Erbitterung, mit der der Streit geführt wurde, war nicht eindeutig festzustellen, daß sie sich wirklich gebissen hätten.

Während ich das erregende Geschehen fotografierte, sah ich, daß Feline, die unter Molli lag, plötzlich entweichen konnte und laut schreiend die Flucht ergriff. Sofort setzte ihr Molli energisch nach, beide verschwanden in einer Dickung. Aufgrund des lauten Kreischens war festzustellen, daß die Jagd dort weiterging. Mit größer werdender Entfernung wurde sie aber immer weniger und schließlich überhaupt nicht mehr wahrnehmbar.

Sollte der heftige Streit jetzt im Ausgang der Ranzzeit vielleicht schon mit der nun in einiger Zeit wahrscheinlich bevorstehenden Geburt der Jungen zu tun haben und damit auch mit einer entsprechenden festeren Revierabgrenzung? Jedenfalls war die Jagd weit in den immer von Feline bevorzugten Revierteil hineingegangen.

Ich wartete noch eine längere Zeit, doch keiner der beiden Streithähne kam noch einmal zum Vorschein.

Molli war tags darauf wieder zur Stelle, aber Feline sollte ich nach diesem Vorfall lange Zeit nicht mehr sehen.

Immer häufiger machte ich mir Gedanken, was wohl mit Feline geschehen sei. Molli gegenüber ließ ich mir natürlich nicht anmerken, daß ich ihr wegen des Verschwindens von Feline im Augenblick nicht ganz so freundlich gesonnen war. Aber Molli schien auch weiterhin völlig unbeeindruckt, und außer ihr waren ja auch noch Mohrle und Paulinchen ziemlich regelmäßige Gäste.

So neigte sich langsam die kalte Jahreszeit ihrem Ende entgegen. Doch der scheidende Winter verursachte mit kurzzeitigen, dennoch sehr starken Stürmen nochmals beachtliche Schäden in einigen Waldgebieten. Abgebrochene, zerfetzte Stämme, umgeworfene und gekippte Fichten mit aus dem Boden gerissenen und nun aufragenden Wurzeltellern zeigten deutlich die Spur, die der Orkan hinterlassen hatte.

Die angefallenen Fichtenstämme wurden von Waldarbeitern im Frühjahr aufgearbeitet und wie in den Vorjahren am Weg zum Abtransport gelagert.

Im Flußtal blühten die ersten Weidenkätzchen, jeder Vogellaut machte jetzt erwartungsvoll und frohgestimmt das Nahen des Frühlings bewußt.

Hier im Flußtal, nur wenige Kilometer vom Fuchsrevier entfernt, machte ich etwa Mitte März in einem ehemaligen Kiesabbaugebiet eine traurige Entdeckung. Nachdem in den letzten Tagen erneut Frost geherrscht hatte, war die Wasserfläche beider Teiche wieder vereist. Nur an der nördlichen Uferseite, dort wo die Sonne die längste Zeit des Tages einwirken konnte, war bereits ein Streifen von geringer Breite eisfrei. Am Rande der teilweise abgetauten Eisfläche eines Teiches, zur bereits offenen Wasserfläche hin, bemerkte ich einen dunklen Fleck am Ende einer auffälligen Spur im Eis.

Erst beim Näherherankommen konnte ich mit dem Fernglas feststellen, daß dieses bis dahin nicht erkennbare Etwas der Kopf eines im Eis eingebrochenen, toten Fuchses war.

Anhand der deutlichen Spuren in der dünnen Eisdecke war ersichtlich, daß der Fuchs einem bedauernswerten Verhängnis zum Opfer gefallen war. Entweder hatte er sich am Abend oder in der Nacht zuvor bei einer Pirsch auf Enten zu weit auf die trügerische Eisdecke des Teiches hinausgewagt, oder, was wohl wahrscheinlicher ist, er wollte von einem Ufer zu dem auf der gegenüberliegenden Uferseite befindlichen Bau zurückkehren und dabei den direkten Weg über das Eis nehmen.

Anfangs hatte ihn die Eisdecke auch noch eine gewisse Strecke getragen, doch dann war sie unter dem Gewicht des Tieres eingebrochen. Die im Eis hinterlassene Spur zeigte, daß der Fuchs verzweifelt im eisigen Wasser um sein Leben gekämpft haben mußte. Es war ihm teilweise noch gelungen, wohl unter Aufbietung aller Kräfte, die vor ihm liegende dünne Eisschicht schwimmend zu durchbrechen. In seiner Todesangst hatte er aber anscheinend die Orientierung verloren und sich im Bogen schwimmend mal nach links und mal nach rechts gewandt.

Beidseitig der inzwischen wieder vereisten Schwimmspur waren noch helle Flecken zu erkennen, die von Luftblasen stammten, die durch das heftige Strampeln des bedauernswerten Tieres unter die geschlossene Eisschicht gelangt waren.

Nur wenige Meter vor dem Erreichen der offenen Wasserfläche - und damit auch kurz vor dem Bau am Ufer - hatten den Fuchs dann endgültig die Kräfte verlassen. Das Tier starb letztendlich wohl vor Erschöpfung und Unterkühlung.

Unmittelbar am Ohr waren einige Fetzen vom aufgerissenen Fell des verunglückten Fuchses zu sehen. Möglicherweise hatten bereits am frühen Morgen einige Krähen - oder irgendein anderes Tier - versucht, hier auf leichte Art und Weise an etwas Freßbares zu gelangen.

Am Nachmittag des gleichen Tages war das Eis bereits vollkommen getaut und vom toten Fuchs keine Spur mehr zu entdecken.

Der Bau am Ufer aber blieb im folgenden Sommer ohne Bewohner. Schon mehrfach konnte ich das äußerst vorsichtige Verhalten eines Fuchses auf einem zugefrorenen Teich oder Tümpel beobachten. Besonders beim kurzzeitigen Überqueren einer dünnen, nur wenige Meter breiten Eisdecke einer schmalen Teichausbuchtung war an seinem behutsamen, tastenden - und manchmal scheinbar ängstlichen - Vorwärtspirschen ersichtlich, daß er die drohende Gefahr erahnte oder kannte.

Dieses belegt, daß auch einem so überaus vorsichtigen und gewandten Tier wie dem Rotfuchs ein tödlicher Unfall durch Einbruch in das Eis passieren kann.

Als das Eis langsam zu tauen begann, machte ich eine traurige Entdeckung. Beim Überqueren eines Teiches war ein mir unbekannter Fuchs offensichtlich im Eis eingebrochen. Er konnte den gegenüberliegenden Bau nicht mehr erreichen. Wenige Meter vor dem freien Wasser hat ihn die Kraft verlassen

Doch zurück zum Wald und seinen Füchsen.

Feline war nun bereits seit mehreren Wochen, nach dem Kampf mit Molli, verschollen. Paulinchen, Molli und Mohrle zeigten sich wie bisher mehr oder weniger regelmäßig.

Mit dem zuendegehenden März rechnete ich mit Nachwuchs bei „meinen" Fuchs-Damen.

Eines Spätnachmittags stand urplötzlich - nach über vier Wochen Abwesenheit - vertraut wie eh und je Feline wieder vor mir. Ich war mehr als überrascht und hocherfreut. Noch erstaunter war ich, als ich nach wenigen Augenblicken an ihrem prallen Gesäuge erkennen konnte, daß sie wieder Mutter geworden war. Besonders bemerkenswert war, daß sie sich nach so langem Fernbleiben erst wieder bei mir einfand, als sie Junge hatte.

Feline blieb jedoch nur wenige Augenblicke, dann trabte sie wieder von dannen, sie mußte schnellstens zum Bau zurück, um ihre winzigen Welpen zu wärmen. Demnach hatte Feline etwa um den 22. März ihre Jungen bekommen, zum gleichen Zeitpunkt wie zwei Jahre zuvor.

Auch Molli und Paulinchen blieben nun für einige Tage verschwunden. Als sie sich wieder - an unterschiedlichen Tagen - einfanden, war zu meiner großen Freude auch hier ersichtlich, daß Paulinchen und Molli Mütter geworden waren. Nach meinen Aufzeichnungen mußten beide so um den 23. bis 25. März ihre Welpen geboren haben, also alle drei Fähen zur fast gleichen Zeit.

Mitentscheidend dafür, daß alle drei Füchsinnen in diesem Frühjahr Nachwuchs hatten, im Gegensatz zum Vorjahr, war sicherlich das derzeit große Nahrungsangebot an Mäusen. Gebietsweise war die Massenvermehrung der kleinen Nager nicht zu übersehen. Diese Tatsachen machen einen Zusammenhang zwischen Nahrungsangebot und Nachwuchsrate auch beim Fuchs mehr als deutlich.

Nachdem nun feststand, daß in diesem Frühjahr Feline, Paulinchen und Molli Welpen bekommen hatten, begann für mich die erneute zeitaufwendige Bausuche in dem unübersichtlichen Gelände mit vielen, teils inselartigen Fichtendickungen unterschiedlicher Größe, dazwischen die teilweise wiederaufgeforsteten ehemaligen Windwurfflächen mit einer großen Zahl alter und frischer Wurzelteller.

Trotzdem war ich anfangs sehr optimistisch. Es müßte ja mit dem Teufel zugehen, so dachte ich, wenn ich nicht wenigstens eines der drei Verstecke finden würde.

Im gesamten Zeitraum von fast drei Jah-

Das Frühjahr brachte die erfreuliche Gewißheit, daß alle drei Füchsinnen Nachwuchs hatten. Auch Feline war wieder regelmäßig bei mir.
Die Suche nach dem Bau blieb aber erfolglos, zu dicht waren die Fichtenschonungen, in denen Feline verschwand

ren, in dem ich mich hier mit Familie Reineke so intensiv beschäftigt hatte, wurde immer deutlicher, daß jedes einzelne der Tiere einen bestimmten Waldteil bevorzugte. Der gemeinschaftliche „Treffpunkt", der engere Bereich also, in dem ich mich ziemlich regelmäßig mit den Füchsen traf, hatte eine Ausdehnung von etwa 350 mal 200 Meter. Hier überlappten sich auch die Streifgebiete der Füchse.

Der überwiegende Teil dieses Gebietes mit einer nicht eingrenzbaren Ausdehnung nach Süden hin wurde hauptsächlich von Mohrle beansprucht. Östlich daran schloß sich das von Feline bevorzugte Aufenthalts- und Streifgebiet an, während die Gebiete von Paulinchen westlich und die von Molli nordwestlich angrenzten. Diese Verhältnisse wurden im Laufe der Zeit daraus ersichtlich, daß jedes der Tiere meistens aus diesen Bereichen zu mir kam und sich anschließend vorzugsweise auch wieder diesem Waldgebiet zuwandte.

In zwei Fällen bildeten anscheinend Waldwege, zumindest annähernd, die Grenzlinien zwischen den bevorzugten Aufenthaltsgebieten der Fähen. Bei Mohrle war das nicht so deutlich erkennbar, sein Streifgebiet zog sich offensichtlich über die Randgebiete der Reviere von Molli und Paulinchen hinweg. Das heißt jedoch nicht, daß die Tiere diese Grenzlinien als unumstößlich betrachteten oder gar verteidigten, es bedeutete nur, daß die so beschriebenen Gebiete überwiegend von den jeweils „ansässigen" Füchsen genutzt wurden.

Um also einen Bau zu finden, mußte ich vor allem die Revierteile der Fähen erkunden. Da aber die Versteckmöglichkeiten nahezu ausschließlich - sieht man mal von den Wurzelstöcken auf den Freiflächen ab - in den tiefbeasteten dichten Fichtendickungen zu suchen waren, war ein Erfolg eher unwahrscheinlich. Natürlich versuchte ich immer wieder, die Baue ausfindig zu machen, kam aber über den Randbereich der Dickungen nicht hinaus. Die tiefbeasteten Jungfichten standen so dicht, daß ich meine eigenen Füße am Erdboden nicht mehr sehen konnte. Selbstverständlich sind in diesen Dickichten sehr verstreut kleine Lücken und Lichtungen vorhanden, wo die Füchse auch die wärmenden Sonnenstrahlen genießen können.

Manchmal lockte ich abwechselnd Feline, mal Molli mit mir, in der Hoffnung, daß sie mich vielleicht zum Bau führten, aber natürlich verlor ich sie hier im Nu aus den Augen. Hockte ich mich an den Boden und schaute unter den Zweigen durch, sah ich, daß sie ganz in meiner Nähe ebenfalls stehen geblieben waren und wartend zu mir hinschauten. Erhob ich mich wieder, hatte ich sofort den Sichtkontakt verloren. Paulinchen war in solchen Fällen nicht ganz so vertrauensvoll wie Feline oder Molli, im düsteren Dikkicht ließ sie mich bald allein.

Die Fähen hatten ihren Nachwuchs in wahrlich sicheren Verstecken untergebracht, nach einer gewissen Zeit mußte ich die aufwendige Sucherei erfolglos einstellen. Die Hoffnung, daß mich Feline wie im vorletzten Jahr - als Paulinchen und Rabautz zur Welt kamen - zum außerhalb einer Dickung liegenden Bau führen könnte, war somit ebenfalls erloschen.

Als letzte Chance, die Welpen wenigstens einer der Fähen zu Gesicht zu bekommen, blieb nur die vage Aussicht, daß eine der Fuchsmütter früher oder später ihre Jungen zu mir mitbringen würde.

Nach Ablauf von etwa vier Wochen nach der Geburt versorgen die Fähen ihre Welpen bereits auch mit fester Nahrung. Jetzt konnte ich feststellen, daß sie mit Futter für die Jungen regelmäßig in jenen Dikkungen verschwanden, die in ihren jeweiligen Revieren lagen. Damit waren nun auch die möglicherweise als Kinderstuben infragekommenden Wurzelstöcke auf den Freiflächen ausgeschieden.

So ging der April dahin, zeitweise mit naßkalten Schauern und kurzzeitigen sonnigen Lichtblicken seinem Ruf der Unbeständigkeit alle Ehre machend.

Ende April sah ich Mohrle zum letzten Mal, er blieb für immer verschwunden. Anfangs hoffte ich unentwegt, daß er eines Tages wieder auftauchen würde, jedoch vergebens. Vermutlich ist er einem Unfall zum Opfer gefallen. Trotz seiner manchmal aufdringlichen Dreistigkeit hatte ich ihn natürlich im Laufe der Zeit in mein

Wenige Wochen später sah ich die ersten Welpen auf dem Weg. Sie hatten anfangs noch reichlich Respekt vor mir. Leider wurden von Paulinchens Welpen mindestens zwei von Autos auf der nahe vorbeiführenden Straße überfahren

Herz geschlossen. Fast zweieinhalb Jahre waren vergangen, seitdem ich ihn als bereits erwachsenen Fuchs kennengelernt hatte!

Feline, Paulinchen und Molli traf ich immer noch regelmäßig im Wald an. Oft hielten sie sich nur kurze Zeit bei mir auf, da sie ihre Welpen zu versorgen hatten.

Bald konnte ich auch am Weg - dem wahrscheinlichen Grenzbereich zwischen Paulinchens und Mollis bevorzugten Territorien - die ersten Füchslein beobachten. Mal spielten sie am Waldrand, mal ruhten sie in der Sonne. Bemerkten sie mich, waren sie sogleich wieder verschwunden. Anfangs war ich mir nicht im Klaren, ob es sich um die Welpen von Molli oder die von Paulinchen oder gar von beiden gemeinsam handelte. Mit der Zeit jedoch stellte ich fest, daß zwischen beiden bevorzugten Aufenthaltsplätzen der Jungfüchse ein gewisser räumlicher Abstand lag. Aus der Entfernung beobachtete ich, daß sich hin und wieder an beiden Plätzen gleichzeitig Welpen tummelten. Nach anfänglichen Unsicherheiten gelang es mir bald, sie auch den einzelnen Müttern zuzuordnen.

Die Spiel- und Sonnenplätze von Paulinchens Welpen lagen unweit der Autostraße, und das forderte auch bald seine Opfer. Mindestens zwei der erst wenige Wochen alten Füchslein wurden leider von Autos überfahren. Ihre ursprüngliche Anzahl konnte ich nie eindeutig ermitteln, da sie mal hier und mal dort zwischen den an dieser Stelle weiträumig stehenden Jungfichten auftauchten. Es waren wohl nur vier bis fünf Junge. Mit dem Heranwachsen sah ich sie immer seltener, möglicherweise kamen noch mehr von ihnen um.

Mollis Kinder, fünf an der Zahl, hielten sich dagegen etwas weiter entfernt von der Straße auf. Dennoch fiel auch eines von ihnen dem Straßenverkehr zum Op-

Während Mollis Junge mich als „Familienmitglied" bereits akzeptierten, hatte ich die Welpen von Feline noch nicht einmal zu Gesicht bekommen

fer. Nachdem ich irgendwann wieder einen Welpen tot an der Straße fand, war dieses Häuflein auf vier geschrumpft. Die kleinen Füchslein machten manchmal allein schon ausgedehnte Erkundungsgänge.

Mitte Mai quartierte Molli ihre Jungen noch weiter von der Straße entfernt unter einem der Holzpolter am Waldweg ein. Damit brachte sie sie auch an die Randzone unseres ständigen Umgangsbereichs mit. Obwohl die Welpen anfangs noch äußerst scheu waren, gewöhnten sie sich bald an mich und wurden tagtäglich vertrauter.

Die nur wenigen Stämme dieses Holzlagers boten Molli aber wohl keinen ausreichenden Schutz für ihre Kleinen. Nach wenigen Tagen zog sie mit ihnen in einen nahen, doch etwas geschützter liegenden, Wurzelstock um. Dieser war teilweise unterhöhlt und bot somit den Füchsen einen günstigen Unterschlupf und mir einen ausgezeichneten Beobachtungsort. Hier konnte ich die Jungfüchse in der nächsten Zeit weiter heranwachsen sehen.

Von den Welpen Paulinchens sah ich nur noch selten einen, die von Feline hatte ich bisher überhaupt nicht zu Gesicht bekommen.

Die Dickung, die Feline als Versteck für ihre Kinder gewählt hatte, lag weiter abseits. Erschwerend kam hinzu, daß dieser Bereich wegen des herumliegenden dürren Astwerks der abtransportierten Fichtenstämme schlecht zu kontrollieren war. Ein lautloses Annähern an das Versteck war nicht möglich. Die Jungfüchse wurden durch das leiseste Geräusch sofort gewarnt und konnten sich frühzeitig verbergen.

Aus verständlichen Gründen hielt ich mich deshalb, so oft ich im Fuchsrevier war, vorwiegend am nun dauerhaft bezogenen Wurzelstock bei Molli und deren Kindern auf. Es bereitete viel Freude, den Kleinen beim täglichen Spiel, bei Balgerei und Jagerei zuzuschauen. Sie hatten aber zwischendurch auch ein großes Ruhebedürfnis und legten sich, meist einzeln, in der Nachbarschaft ihres Unterschlupfes schlafen. Hierzu suchten sie überwiegend gedeckt liegende freie Plätzchen auf, wo sie nach Möglichkeit die wärmenden Sonnenstrahlen nutzen konnten.

Mit der Zeit konnte ich auch die Jungfüchse recht gut auseinanderhalten, zumal sie sich im Äußeren sowie im Wachstum etwas unterschiedlich entwickelten. Auch ihnen gab ich Namen, um mir auf diese Weise jeden einzelnen von ihnen besser einprägen zu können.

In Anlehnung an den Namen ihrer Mutter Molli ließ ich ihre Namen mit dem Anfangsbuchstaben M beginnen. Maxi, mit sehr hellem, sandfarbenem Fell, war das größte der Füchslein. Außerdem trug es eine schwarze Schwanzspitze, die anderen dagegen alle eine weiße. Als es sich mal ausgiebig putzte, konnte ich erkennen, daß Maxi eine kleine Fähe war. Bei den drei anderen Geschwisterchen konnte ich das Geschlecht auch in der Folgezeit nicht eindeutig feststellen. Das nächstgrößere nannte ich Mausi, es war mehr rötlich-braun gefärbt. Mit seinen auffällig abgewinkelten „Fledermaus-Ohren“ machte es einen recht lustigen Eindruck. Wenn es irgendwie beunruhigt oder erregt war, konnte es die Ohren aber auch normal aufrichten.

Die beiden anderen waren von einer mehr graubraunen Färbung. Milli, obgleich kleiner als Maxi und Mausi, war immer das vorwitzigste und dreisteste der Füchslein. Quer über der Nase trug Milli eine kleine Schramme, die wohl von einer Balgerei stammte und längere Zeit deutlich erkennbar blieb. Das kleinste und zurückhaltendste war und blieb Mini.

Wenn ich mich in der Nähe ihres Versteckes einfand, dauerte es manchmal nur wenige Augenblicke, bis sie sich zu mir

Jetzt konnte ich die Jungen schon auseinanderhalten. Mollis Welpen erhielten alle einen Namen mit dem Anfangsbuchstaben „M“

gesellten. Oft hatten sie anscheinend schon meine Schritte vernommen oder meinen Wagen, den ich in einiger Entfernung abstellte, gehört. Häufig aber kamen sie auf meine Lockrufe herbei. Es kam natürlich auch vor, daß sie mal längere Zeit auf sich warten ließen. Dann waren sie wohl auf ausgedehnten Erkundungsgängen gewesen oder hatten fest geschlafen. Selten kamen sie alle vier gleichzeitig herbeigelaufen, sondern häufiger einzeln und nacheinander. Um vom Waldweg aus nicht beobachtet werden zu können, setzte ich mich dort so an, daß ich durch einen dichten Fichtenstreifen gedeckt war.

Häufig fanden sich außer den vier Jungfüchsen und ihrer Mutter auch Feline und Paulinchen ein, so daß sich manchmal bis zu sieben Füchse gleichzeitig um mich versammelt hatten. Es gelang mir

Die Jungen waren immer zu einer Rauferei aufgelegt. Gelegentlich begannen sie aber auch schon mit Erkundungsgängen in die nähere Umgebung

jedoch nie, diese außergewöhnliche Versammlung im Bild festzuhalten. Mal waren die Lichtverhältnisse nicht ausreichend, oder es regnete, und ich wollte die Kamera auf dem Stativ nicht ungeschützt offen stehen lassen, ein anderesmal waren Störungen durch Spaziergänger zu befürchten und ähnliches mehr. Waren diese Voraussetzungen jedoch mal günstig, so waren meistens nicht alle Statisten gleichzeitig anwesend.

Bei diesen Versuchen stellte ich das Stativ mit der Kamera so auf, daß ich meinen Sitzhocker im Sucher hatte und links und rechts davon noch einiges an Platz frei ließ. Setzte ich mich auf den Hocker, um mit dem Infrarot-Fernauslöser Fotos zu machen, waren also entweder nicht alle Füchse zur Stelle, oder einige von ihnen setzten oder legten sich außerhalb des vorge-

Maxi hatte ein helles Fell und eine schwarze Schwanzspitze. Sie war aber auch die Größte aus dem Wurf. Mausi beeindruckte mich mit ihren „Fledermausohren“

Milli war immer die vorwitzigste und dreisteste von Mollis Welpen. Mini war das kleinste und zurückhaltendste Junge

gebenen Blickwinkels des Objektivs nieder. Immerhin gelang es mir so, fünf Füchse, zwei Fähen und drei Welpen, gleichzeitig mit mir im Foto zu dokumentieren.

Immer, wenn ich die nur wenige Schritte entfernte Kamera einstellte, mußte ich aufpassen, daß mir die neugierigen Füchslein nicht den im Augenblick unbeaufsichtigten Hocker einer zu gründlichen Prüfung unterzogen. Zuweilen mußte ich schon mal schnell hinlaufen, um sie von dem bedenklichen Tun abzuhalten. Immerhin hatte ich in dem Behältnis an der Unterseite des Hockers meine Zweitkamera untergebracht. Mit ihren spitzen Zähnen rissen die vorwitzigen Knirpse an dem Leinenstoff des Hockers und brachten ihn im Nu zu Fall. Obwohl der Waldboden nicht sehr hart war, wollte ich das meiner Kamera nicht oft zumuten. Vor allem Milli war sehr neugierig und tat sich bei diesen Spitzbübereien besonders gern hervor.

Bereits Anfang Juni waren die Jungfüchse so zutraulich geworden, daß das erste bereits ein von mir dargereichtes Nahrungsbröckchen aus der Hand entgegennahm. Natürlich war Milli auch in diesem Fall die erste. In den nächsten Tagen folgten die anderen Welpen diesem Beispiel und - wie erwartet - Mini als letzter.

Mit diesen Gaben wollte ich in erster Linie das Vertrauen der Tiere soweit wie möglich vertiefen, andererseits tat ich das nur hin und wieder einmal und auch nur mit geringsten Bissen. Ich wollte die Füchse auf keinen Fall verwöhnen, sie sollten unter allen Umständen Wildtiere bleiben. Die Welpen mußten selbstverständlich von ihrer Mutter normal ernährt werden und sich später auch selbst durchs Leben schlagen können. Bei den gelegentlichen Zuwendungen und auch sonst vermied ich jeglichen Körperkontakt. Ich habe sie auch nie gestreichelt. Dafür waren mehrere Gründe maßgebend. Einerseits wollte ich vermeiden, daß möglicherweise Krankheiten übertragen werden, andererseits sollten die Füchse auf gar keinen Fall eine Art Schoß- oder Streicheltiere werden. Ebensowenig mochte ich mit den Fingern - wenn auch versehentlich - zwischen ihre Zähne geraten. Waren nämlich mehrere der Tiere gleichzeitig zugegen und ich reichte ihnen einen Bissen, konnte schon mal aus Futterneid recht hektisch zugeschnappt werden.

Mit einer Infrarotfernbedienung konnte ich manchmal Fotos von mir gemeinsam mit den Füchsen machen

Wie energisch sie bei einem Streit um einen kleinen Bissen vorgehen können, zeigt folgende Begebenheit.

Mollis Welpen waren in meiner Nähe versammelt, als Feline mit einem kleinen, nicht erkennbaren Nahrungsbrocken in der Schnauze auf dem Weg zu ihren Jungen vorbeikam. Sie verweilte kurz und sofort wurde von Milli bemerkt, daß Feline etwas in der Schnauze trug. Milli versuchte sogleich sehr aufdringlich, diesen Happen für sich zu beanspruchen. Als ihre Bettelei nichts nutzte und Feline sich hastig abwandte, rannte Milli ihr nach und biß sich in der Schwanzspitze von Feline fest. Vor Schreck und wohl auch Schmerz schrie Feline auf und tat mehrere Sprünge, wobei Milli, am Schwanz festgebissen, regelrecht durch die Luft flog. Erst einen Augenblick später ließ sie Felines Schwanz los und blieb zurück. Feline aber eilte in schnellem Trab ihrem entfernten Versteck entgegen.

Etwas abseits unseres Treffpunktes beobachtete ich eines Morgens eine Bache mit ihren Frischlingen, fünf an der Zahl. Sie suchten auf einem grasbewachsenen Waldweg nach Nahrung.

Die Frischlinge wuselten oft durcheinander, rannten mal hier und mal dort über den Weg, hielten kurz einmal inne, um etwas Nahrhaftes aufzunehmen und waren dann zeitweise wieder im hohen Gras verschwunden.

Plötzlich grunzte und schnaubte die Bache laut, blieb wie angewurzelt stehen und schaute halbwegs in meine Richtung. Die Frischlinge flitzten wegen dieser Warnlaute sofort zur Mutter in Sicherheit.

An dem den Waldweg seitlich begrenzenden Fichtenwald sah ich mit einem Mal einen Fuchs entlang schnüren. Er hielt aber nicht direkt auf die Wildschweine zu, sondern beabsichtigte wohl, mehr seitwärts vorbei zu kommen. Die Bache zog noch ein paar Schritte dem Fuchs entgegen und blieb dann hocherhobenen Hauptes wie ein Standbild stehen.

Dem Fuchs schien die Situation nicht ganz geheuer, er bog ab und verschwand auf der anderen Seite des Weges im hohen Gras. Auf die Entfernung konnte ich Reineke nicht einwandfrei erkennen, es kann sich aber um Feline oder Molli gehandelt haben.

Das Wetter war im Mai, aber auch später im Juni noch, sehr unbeständig; häufig wechselte Sonnenschein mit kühlen Regenschauern. Wenn einmal die Sonne längere Zeit am Himmel stand, schienen das auch die Füchse zu genießen, denn bei Regen kamen sie nicht gern aus ihren Verstecken hervor. In der wärmenden Sonne behagte es ihnen weitaus besser. Dann hielten sie sich gern auf den freien Flächen auf, wo einzeln und in Gruppen stehende kleine Fichten trotzdem genügend Deckung boten. Es war dann für mich recht vergnüglich, dort zwischen spielenden oder ruhenden Füchsen zu sitzen, während ringsum Baumpieper und Grasmükken sangen, der Kuckuck unaufhörlich seinen eigenen Namen rief und am Himmel Mauersegler jagten und der Bussard kreiste. Waren auch die Fähen nicht im-

mer vollzählig anwesend, denn Feline und Paulinchen hatten ja irgendwo ihre eigenen Kinder zu versorgen, so leisteten mir doch meistens Mollis Welpen und oft auch sie selbst Gesellschaft. Ausgiebig konnte ich dann die Fellpflege von Molli an ihrem Nachwuchs beobachten und in zahlreichen Fotos festhalten. Es war sehr belustigend anzusehen, wenn sich die Welpen direkt vor ihrer Mutter aufstellten und mit drängelndem Körperkontakt ihr den

Als ich bei einer meiner Erkundungen nicht weit vom Fuchstreffpunkt mal wieder auf eine Bache mit Frischlingen gestoßen war, kam ein Fuchs, vermutlich einer meiner Freunde, auf einmal aus der Dickung, ohne die Wildschweine zu bemerken. Jetzt wurde es selbst für einen Fuchs brenzlig

Die Jungen wollten immer schmusen. Selbst „Tante“ Paulinchen mußte manchmal bei Mollis Welpen einspringen

Rücken, das Hinterteil oder den Kopf zur Körperpflege darboten. War das erfolglos, so versuchten sie auch mit dem Näschen schubsend die Schnauze von Molli zu berühren, um sie auf diese Weise zur Pflege aufzufordern.

Gelegentlich hockten sich die Welpen sogar in Demutshaltung mit eingeklemmtem Schwanz und angelegten Ohren vor ihre Mutter oder legten sich winselnd vor ihr nieder.

Mitunter wurde das Drängeln Molli auch zu lästig, dann wehrte sie die aufdringlichen Kleinen fauchend ab oder wandte sich um und trabte davon.

Durchkämmte Molli das Fell eines ihrer Kinder mit den Zähnen, so hielt dasjenige, dem diese Pflege gerade zuteil wurde, oft den Kopf schief und die Augen genüßlich geschlossen. Das alles wirkte erheiternd menschlich.

Mit den spitzen Zähnen wurde das Körperhaar der Kleinen häufig durchgekaut und wohl auch manche Quälgeister, wie Zecken und Ähnliches, entfernt. Auf diese Art und Weise wurde ein Teil der scheinbar recht lose sitzenden Wollhaare des Jugendfells entfernt und manchmal von der Mutter auch verschluckt. Diese haarige Angelegenheit ist vielleicht der Verdauung eines Fuchses sogar förderlich, es werden ja beispielsweise auch die Mäuse „mit Haut und Haar“ verschlungen.

Verschiedentlich betrieb Molli die Pflege so intensiv, daß sie ihre Kinder am Kopfhaar ziehend richtiggehend anhob und diese für einen Augenblick mit den Vorderbeinen einige Zentimeter über dem Erdboden schwebten.

Hin und wieder legte Molli auch eine Vorderpfote auf den Rücken des Welpen, um so das Abheben vom Boden zu vermeiden.

War Molli nicht in der Nähe, versuchten ihre Kinder oft Feline oder Paulinchen zur Fellpflege zu veranlassen. Auch bei diesen „Tanten" bettelten sie aufdringlich, um in den Genuß der Pflege zu kommen. Feline gab tatsächlich hin und wieder einmal nach, bei Paulinchen habe ich das jedoch nie beobachten können. Meistens reagierten beide Fähen aber recht abweisend, wandten sich um und trotteten davon. Wenn sich Feline jedoch mal „herabließ", das Fell eines der Welpen von Molli zu pflegen, so tat sie das meist nur für einen kurzen Augenblick. Manchmal hatte ich das Gefühl, sie tat es recht widerwillig.

Mitunter versuchten Mollis Kinder auch, bei Feline oder Paulinchen zu trinken. Diese reagierten dann meistens genauso barsch wie bei der Ablehnung der Fellpflege. Nur ein einziges Mal sah ich, daß Feline zwei der Welpen kurzzeitig säugte und dann die beiden regelrecht wieder abschüttelte.

Die Fellpflege war ein sichtliches Vergnügen für die Welpen. Manchmal betrieb Molli die Fellpflege so intensiv, daß sie ihre Jungen am Kopfhaar ziehend regelrecht in die Höhe hob

Einmal beobachtete ich, wie Feline ihrer erwachsenen Tochter das Fell pflegte, ohne von ihr aufgefordert worden zu sein. Ein bemerkenswertes Sozialverhalten auch unter ausgewachsenen Füchsen (oben).
Welchen Anlaß es wohl für Molli gab, einem ihrer Welpen diese „Standpauke“ zu halten?

Einen außergewöhnlichen Vorgang beobachtete ich eines Nachmittags im Juni. Molli ruhte am Bau, ihre Jungen spielten oder ruhten in meiner Nähe. Paulinchen saß etwas abseits auf einem Erdweg in der Sonne. Wenig später kam Feline aus der Dickung zu mir, blieb aber nur kurz und trabte dann weiter in Richtung des Verstecks ihrer Welpen.

Auf diesem Weg mußte sie unmittelbar an Paulinchen vorbei. Als sie acht, neun Schritte an jener vorüber war, hielt sie inne und setzte sich ebenfalls. Sofort liefen Milli und Mausi zu ihr und wollten gepflegt werden. Feline tat dies auch für einen Moment. Doch dann trabte sie zu Paulinchen zurück und begann sogleich, ihr ausgiebig Kopf und Nacken zu kraulen. Besonders bemerkenswert ist, daß Feline sich zu dieser Fellpflege veranlaßt sah, ohne von Paulinchen dazu aufgefordert worden zu sein. Darüber hinaus tat sie das bei den fremden Welpen anscheinend eher recht ungern. So überraschend für mich im ersten Augenblick die Fellpflege zwischen zwei erwachsenen Fähen war, so einleuchtend dürfte in diesem Fall der Vorgang aber auch sein. Immerhin handelte es sich um Mutter und Tochter, die eine mittlerweile dreieinviertel und die andere zweieinviertel Jahre alt. Beide hatten zu dieser Zeit Welpen, wobei Feline obendrein die Großmutter von Paulinchens Kindern war.

Paulinchen schien die Fellpflege sehr zu genießen, auch sie hielt zeitweise den Kopf geneigt, um den Oberkopfbereich für Feline besser erreichbar zu machen.

Solche Sozialkontakte sind bei Tierarten wie Füchsen, die nicht so dauerhaft in Rudeln leben wie beispielsweise Wölfe, nicht sehr ausgeprägt. Kamen im Verhalten von Feline und Paulinchen die besondere verwandschaftliche Beziehung und eine gewisse Zuneigung zum Ausdruck?

Zwar gab es zwischen diesen beiden hin und wieder auch mal Reibereien, insbesondere bei Nahrungsstreitigkeiten und zur Ranzzeit, jedoch kaum einmal eine mit solchen Schroffheiten wie zwischen Feline und Molli.

Leider fand ich eines Tages Ende Juni wiederum einen toten Jungfuchs, den vierten bisher, an der Autostraße. Es war wohl wieder eines von Paulinchens Kindern, Mollis vier Welpen waren derzeit noch vollzählig vorhanden.

Überall waren jetzt die Vogeleltern mit der Aufzucht ihrer Brut beschäftigt. Das farbenprächtige Neuntötermännchen schleppte ebenso wie sein unscheinbarer gefärbtes Weibchen ständig Nahrung für die nimmersatten, bereits flüggen Jungen herbei. Erfreulich war, daß sie schon seit Jahren in den Jungfichtendickungen brüteten.

Ließ sich der eine oder andere Fuchs in der Nähe ihrer noch nicht sehr fluggewandten Jungen sehen, so warnten und schimpften die Eltern von den Fichtenspitzen herab, sehr beunruhigt und aufgeregt hin und her fliegend. Einmal flog das Männchen von hinten einen Scheinangriff auf Feline. Die wurde tatsächlich leicht erschreckt, als der kleine Vogel plötzlich nahe über sie hinjagte, vor ihr wieder etwas anstieg, fast in der Luft stehend vor ihr flatterte und dann wieder abdrehte. Das wiederholte sich zwei-, dreimal, dann flog der Neuntöter davon und Feline verschwand im Dickicht. Auch der größere, schwarz-weiß-grau gefärbte Vetter des Neuntöters, der Raubwürger, hatte in der ein wenig entfernteren Nachbarschaft gebrütet. Mehr als der überwiegend von Insekten lebende Neuntöter erbeutet diese Vogelart öfters auch Mäuse und Jungvögel. So konnte ich ohne größere Verwunderung feststellen, wie einer der Altvögel, Männchen und Weibchen sind äußerlich nicht zu unterscheiden, auf gerade flügge Jungvögel der Schwarzkehlchen Jagd machte. Die waren jedoch bereits so fluggewandt, daß sie sich diesen Angriffen immer wieder entziehen konnten und sich irgendwo im Dickicht in Sicherheit brachten.

Eines Tages machte Mini einen apathischen Eindruck. Immer wenn ich mich zu den Füchsen begab, ließ sie sich nur kurz einmal sehen und zog sich gleich darauf wieder irgendwohin ins Dickicht zurück. Weder spielte sie mit ihren Geschwistern, noch drängte sie Molli, um gepflegt zu werden. Wenige Tage später blieb sie für immer verschwunden. Die häufig naßkalte Witterung des Frühjahrs hatte ihr wohl so zugesetzt, daß sie krank wurde und verstarb.

Kurz darauf blieb auch die stets so quicklebendige, vorwitzige und zutrauliche Milli für immer verschwunden. Sehr wahrscheinlich ist auch sie einer Krankheit zum Opfer gefallen, obwohl ich bei ihr keine Anzeichen erkannte, die frühzeitig darauf hingedeutet hätten.

Nun waren nur noch die beiden kräftigsten von Mollis Kindern, Mausi und Maxi, am Leben.

Nach ein paar trockenen, heißen Tagen drohte ein Gewitter am Sommerhimmel. Um mal wieder das Verhalten der Füchse bei einem solchen Naturereignis zu beob-

Von Paulinchens und Mollis Welpen waren nun schon vier Welpen von Autos überfahren worden. Die erfahrene Molli brachte ihre Jungen bald weiter entfernt von der Straße unter. Die Neuntöter fühlten sich bei der Aufzucht ihrer Jungen von den Füchsen im Revier gestört

achten, fuhr ich umgehend in den Wald hinaus, kam aber trotzdem ein wenig zu spät. Das Gewitter war zwar heftig, aber nur kurz gewesen, schon brach die Sonne wieder hervor. Ein Regenbogen spannte sich über den noch teilweise dunklen Himmel. Nur ein paar Aufnahmen gelangen mir noch von Feline und Molli mit Maxi und Mausi, im Hintergrund der verblassende Regenbogen vor der abziehenden Gewitterfront. Die durchnäßten Füchse tranken nun aus den auf dem Weg zurückgebliebenen Regenpfützen.

Die Zeit verging, ohne daß ich auch nur einmal die Jungen von Feline zu sehen bekommen hätte. An einem schönen Sommertag kehrte Feline mit einer Maus und einem Maulwurf in der Schnauze von einem Beutezug zurück, auf dem Weg zu ihren Welpen mußte sie unmittelbar an mir vorüber. Als ich auf sie einsprach, hielt sie inne, legte Maus und Maulwurf nur wenige Schritte neben mir ab und setzte sich für einen Augenblick neben meinen Sitz auf den Weg. Molli ruhte etwas abseits auf einem Baumstubben, Maxi und Mausi beschäftigten sich dort im Gras. Feline hielt alle drei, wohl in Sorge um ihre Beute, dauernd im Auge. Daß ich ihr ihre Beute nicht streitig machen würde, schien sie zu wissen, sonst hätte sie diese sicherlich auch nicht so nahe bei mir abgelegt. Doch nach wenigen Minuten nahm sie Maulwurf und Maus wieder auf und trabte weiter in Richtung des Verstecks ihrer Jungen. Ich sah eine letzte Chance, ihre Kinder zu Gesicht zu bekommen und folgte ihr sofort. Das störte sie keineswegs und so ging es im Bogen auf die von mir bereits als mutmaßliches Versteck angenommene Dickung zu. Nach etwa zweihundert Metern näherten wir uns dem Rand des Fichtendickichts. Leider gelang es mir trotz aller Vorsicht nicht, ihr auch nur annähernd leise zu folgen. Meine Schritte verursachten, bedingt durch im hohen Gras herumliegende trockene Zweige und Äste, wohl für die Ohren der Jungfüchse einen unheimlichen Lärm.

Feline hielt jetzt mehrmals inne und lockte mit kurzen, hintereinandergereihten Wufflauten ihre Jungen, damit andeutend, daß sie Leckerbissen brachte. Das nährte meine Zuversicht nochmals außerordentlich. Doch als die Jungfüchse nicht im entferntesten daran dachten, ins Freie zu kommen und die Beute ihrer Mutter dort in Empfang zu nehmen, war alle Hoffnung im Nu zerstoben. Schließlich verschwand Feline im Dickicht, und ich hatte wiederum das Nachsehen. Zwar versuchte ich noch mehrmals, das Geheimnis zu lüften, aber es blieb für mich auf Dauer ungelöst.

Ende Juli trat der nächste Verlust ein, Mausi blieb für immer verschwunden. Ich konnte nicht ergründen, ob das jetzt etwa vier Monate alte Füchslein einer Krankheit oder einem Unfall zum Opfer gefallen war. Nun hatte Molli nur noch das Töchterchen Maxi. Dafür erschien Anfang August gelegentlich ein anderer, kräftiger Jungfuchs. Zuerst war er noch sehr scheu und verschwand bei der geringsten Bewegung von mir blitzschnell im Dickicht. Er war ein ganzes Stück größer als Maxi, bei flüchtigem Hinsehen konnte man ihn fast für einen ausgewachsenen Fuchs halten. Aufgrund seiner Größe und seines auffallend buschigen Schwanzes, der sogar kräftiger war als diejenigen von Feline, Paulinchen oder Molli, vermutete ich in ihm einen jungen Rüden.

Jetzt traf auch Molli das Schicksal hart. Nachdem bereits Mini vermutlich an einer Krankheit gestorben war, blieb nun auch die vorwitzige Milli für immer verschwunden

Felines Bau hatte ich noch immer nicht ausfindig machen können. Selbst als sie mit einem Maulwurf und einer Maus als Futter für ihre Jungen am Fuchstreffpunkt vorbeikam, konnte ich ihr im Fichtendickicht nicht folgen

Sicherlich war er ein Nachkömmling von Paulinchen. Er hielt sich oft in unmittelbarer Umgebung von ihr auf, näherte sich überwiegend aus dem von Paulinchen bevorzugten Gebiet und zog sich meistens auch wieder dahin zurück.

Mit seiner vergleichsweise dunklen Färbung erinnerte er mich sehr an Mohrle. Zur hellen Maxi war er der rechte Gegensatz, zumal er eine weiße und sie eine schwarze Schwanzspitze trug. Aufgrund dieser Tatsachen nannte ich ihn kurzerhand Moritz, obwohl sein Name ja eigentlich mit einem P hätte beginnen müssen - aber so hatte ich das „Bilderbuch-Pärchen" Max(i) und Moritz oft beieinander und erfreute mich an ihnen. Im Laufe der Zeit erschien Moritz immer öfter und wurde von Tag zu Tag zutraulicher.

Noch ein oder zwei fremde Füchse ließen sich hin und wieder kurzzeitig zwischen den dichtstehenden Jungfichten blikken oder huschten über eine kleine Lichtung, jedoch blieben sie sehr scheu und verschwanden wieder, wenn sie mich bemerkten. Auch sie könnten fast erwachsene Kinder von Paulinchen gewesen sein.

Eines morgens - kurz bevor die Sonne über den hohen Fichten hervorkam - lief ein dunkles Tier über die Fahrbahn, ohne daß ich es genau hätte erkennen können. Ich bremste den Wagen ab, und im selben Augenblick folgten auf dem gleichen Wechsel drei weitere, etwas kleinere Tiere dem ersten. Jetzt erkannte ich, daß es Waschbären waren. Das erstere war wohl die Mutter gewesen, in einigem Abstand folgten ihre drei Kinder.

Nachdem ich den Wagen am Straßenrand abgestellt hatte, schaute ich nach, wo die Gesellschaft abgeblieben war. Die Stelle, an der sie über die Straße gelaufen waren, hatte ich mir genau eingeprägt. Ich folgte durch das hohe Gras am Wegesrand einige Meter in das angrenzende Fichtenaltholz hinein. Dort stand auf einer kleinen Lichtung eine uralte, teilweise hohle Eiche. Zwischen ihrem mächtigen Wurzelwerk befanden sich die Eingänge eines alten Fuchsbaues. Anscheinend hatten die Waschbären dort ihre Behausung. Ich schaute mich ein wenig um, sah aber keines der Tiere mehr. Als ich zum Wagen zurückgehen wollte, hörte ich plötzlich dicht neben meinen Füßen ein ängstliches, kreischendes Fauchen. Nun entdeckte ich erst die drei Waschbärchen, sie hatten sich, jedes einzeln, unter herumliegenden Fichtenzweigen versteckt. Ich war ihnen, mehr zufällig, zu nahe gekommen und sie fühlten sich entdeckt.

Sie hatten ihrer Mutter doch wohl nicht schnell genug folgen können und sich deshalb unter dem Reisig versteckt. Nun aber liefen sie, im Gänsemarsch eines hinter dem anderen, zur Eiche und verschwanden ebenfalls zwischen dem Wurzelwerk.

Zwar gelangen mir einige Fotos dieser possierlichen Wichte mit den schwarzweiß-quergestreiften Gesichtsmasken, doch wegen der ungünstigen Lichtverhältnisse im Fichtenwald war die Qualität leider nicht besonders befriedigend.

Ein anderes Mal waren die Voraussetzungen günstiger. Zwei fast ausgewachsene Waschbären - normalerweise ausgesprochene Nachttiere - hatten sich auf dem morgendlichen Nachhauseweg wohl etwas verspätet. Es gelang mir, ihnen bis zu einer hohlen Buche zu folgen. Nachdem sie bereits längere Zeit darin verschwunden waren, schauten sie aber nochmals neugierig heraus, um nachzusehen, wer ihnen da gefolgt war. In diesem Fall gelangen mir Aufnahmen bei Tageslicht, das die Waschbären im allgemeinen ja gar nicht lieben. Doch war die Ausleuchtung wegen des nahen Fichtendickichts so spärlich, daß ich nach wie vor gezwungen war, ein Blitzgerät zu Hilfe zu nehmen.

Ende des Sommers trat ein weiterer herber Verlust bei meiner Fuchsfamilie ein. Nun war es Paulinchen, zu dieser Zeit knapp zweieinhalb Jahre alt, die von einem Tag zum anderen verschwunden war und blieb. Auch in ihrem Fall gehe ich von einem Unfall aus, denn Anzeichen irgendeiner Krankheit oder Verletzung waren vorher nicht erkennbar. Glücklicherweise waren zu diesem Zeitpunkt ihre Kinder, so sie noch am Leben waren wie Moritz, bereits selbständig geworden.

So blieben nur noch Feline, Molli, Maxi und Moritz, die sich recht beständig einfanden, wenn sie mich im Wald bemerkten.

Abgesehen von leichten, äußerlich nicht immer erkennbaren Verletzungen, die sich meistens durch tagelanges Hinken bemerkbar machten, habe ich aber auch hin und wieder schwerwiegende Verletzungen der Füchse erlebt. Feline hatte beispielsweise einmal eine starke Schwellung des rechten Auges, auch direkt unterhalb des Auges befand sich eine deutlich hervortretende Beule, das Auge selbst war blutunterlaufen und tränte unaufhörlich. Erst nach über einer Woche trat eine deutliche Besserung ein. Möglicherweise war Feline flüchtend gegen ein Hindernis gerannt.

Ein anderes Mal hinkte sie außergewöhnlich stark und bewegte sich nur mühsam fort. Das rechte Vorderbein trug sie angehoben, sie setzte es nur im Stand leicht auf, um sich abzustützen. Scheinbar war das Bein angebrochen, denn es stand leicht

Eines morgens sah ich auf dem Weg zu meinen Füchsen drei junge Waschbären die Straße überqueren. Es war ein Glückstreffer, daß ich diese Nachttiere auch noch fotografieren konnte

Mit den ersten Vorboten des Herbstes begann die Zeit des Vogelzuges. Die Graureiher jedoch blieben überwiegend auch den Winter über hier

schief nach außen ab. Das Hinken hielt Wochen an, später aber war äußerlich keine Beeinträchtigung mehr festzustellen.

Eines Tages kam Feline erst nach über dreiwöchiger Abwesenheit wieder und machte noch einen sehr kränklichen Eindruck. Wahrscheinlich hatte sie unter einer Krankheit oder Verletzung gelitten und sich irgendwo verkrochen, bis sie wieder bedingt genesen war.

Ähnliches erlebte ich mehrmals auch bei Molli und Mohrle. Immer wieder verblüffend ist, wie häufig Wildtiere auch schwerere Verletzungen überstehen können und manchmal sogar in kürzester Zeit.

Langsam näherten sich die ersten Vorboten des Herbstes, im Flußtal lagen morgens schon oft dicke Nebelbänke und auf den Feldern rasteten Kleinvogelschwärme auf dem Zug nach Süden.

Wenn sich der Nebel verzogen hatte, waren auf dem Fluß in kleinen Trupps die ersten durchziehenden Entenarten zu beobachten. Ein einsamer Reiher stand mit eingezogenem Hals am Ufer und hoffte auf Beute.

Gegen Ende September wurde es kälter. Im Wald war nun öfter das Röhren der Hirsche zu vernehmen, die Brunft des Rotwildes hatte begonnen.

Mit hocherhobenem Haupt - vorsichtig den Wind prüfend - trat wachsam ein weibliches Tier auf die Fichtenkultur am Rand der Dickung. Gleich darauf folgte das Kalb und wenig später ein Schmaltier. Als sie keine Gefahr witterten, zogen sie, hier und dort ein wenig äsend, langsam weiter.

Im nahen Dickicht knackte es plötzlich, die dichten Fichtenzweige schoben sich auseinander, Geweihstangen kamen zum Vorschein, denen das Haupt des Hirsches folgte. So verharrte er einige Minuten, wie eingerahmt vom Fichtengrün.

Die weiblichen Tiere schauten einen Augenblick aufmerksam zum Hirsch zurück, beruhigten sich dann aber wieder und ästen weiter.

Sie zogen langsam zur nahegelegenen Grasschneise, die bessere Nahrung bot.

Nun folgte auch der Hirsch gemächlich seinem Rudel nach, hin und wieder stehenbleibend, um zurück zu blicken und kurz und drohend zu röhren. Scheinbar hielt sich ein weiterer Hirsch in der Dikkung auf, augenblicklich später ließ auch er seine tiefe Stimme aus dem schützenden Dickicht heraus ertönen. Der erste Hirsch, ein alter Vierzehnender, war mittlerweile auf der Schneise beim Rudel angelangt. Während das weibliche Wild ruhig äsend auf der Schneise stand, umrundete der Vierzehnender mehrmals das kleine Rudel, dabei öfters in Richtung zur Dikkung hinüberröhrend.

Plötzlich knackte es im Dickicht, und ein stattlicher Hirsch trat auf die Lichtung

Plötzlich hoben alle vier ihre Häupter und schauten aufmerksam zum Schneisenrand. Dort trat soeben ein Fuchs aus dem hohen Gras der Fichtenkultur und schaute seinerseits zu dem Rotwildrudel hinüber. Das Rotwild beruhigte sich und äste weiter, der Fuchs aber trabte fast schnurgerade auf den ein wenig abseits stehenden Hirsch zu und wollte wohl seitlich an diesem vorbei. Als er dem Hirsch auf wenige Meter nahe gekommen war, senkte dieser sein Geweih und zog so drohend ein paar Schritte auf den Fuchs zu. Der jedoch wich, wohl leicht erschreckt, seitlich im Bogen aus und verschwand am anderen Schneisenrand zwischen den Jungfichten.

Währenddessen war wohl der Hirsch in der Dickung nähergezogen, sein Röhren klang wesentlich lauter und drohender. Das ließ sich der Vierzehnender nicht länger bieten und zog eilends und laut schrei-

In der Brunftzeit erlebte ich häufig erbitterte Kämpfe zwischen rivalisierenden Hirschen. Auch die Füchse mieden in dieser Zeit die unmittelbare Nähe zu den Königen des Waldes

end dem Nebenbuhler entgegen. Der verstummte zunächst, scheinbar eingeschüchtert. Daraufhin verschwand auch der Platzhirsch in der Dickung, und nun erhob sich dort ein gewaltiges Konzert der beiden sich gegenseitig wütend anschreienden Hirsche. Brechend knackten Äste und Zweige, dann herrschte einen Augenblick vollkommene Stille, doch kurz darauf krachten und prasselten die Geweihe der Hirsche zusammen. Ein harter unerbittlicher Kampf war zwischen den Rivalen entbrannt, leider für mich unsichtbar im Verborgenen geführt.

Mehrmals war nach kurzen Unterbrechungen immer wieder das Kampfgetümmel zu hören, dann brach es endgültig ab. Zwei-, dreimal noch ließ der Sieger seinen dröhnenden Baß ertönen, dann herrschte Ruhe. Es dämmerte schon, als der Vierzehnender wieder aus dem Dickicht hervortrat, zum Rudel hinüberblickte und sich dann gemächlich zu seinem Harem zurückbegab. Er war der Herr des Geschehens geblieben.

Bereits Ende September war Moritz so zutraulich geworden, daß auch er mir - anfangs noch recht vorsichtig - ein Nahrungsbröckchen aus der Hand abnahm. Noch über eine Woche hielt dieses enge Vertrauensverhältnis an, doch dann blieb auch Moritz aus. Da er mittlerweile selbständig geworden war, wird er wohl fortgezogen sein, um sich ein eigenes Revier zu suchen. Aber mit letzter Sicherheit kann das nicht gesagt werden, auch in diesem Fall ist ein Unfall nicht auszuschließen.

Vier Wochen später trat dasselbe bei Maxi ein. Bei ihr hatte ich gehofft, daß zumindest sie in der Nähe ihrer Mutter bleiben würde, wie damals Paulinchen am Rand von Felines Aufenthaltsbereich.

Nun blieben nur noch die beiden älteren Fähen Feline und Molli, mit denen ich selbstverständlich auch weiterhin den Kontakt aufrechthielt.

Bei einem spätherbstlichen Spaziergang in der Nähe des Fuchsreviers bemerkte ich auf dem schmalen Waldweg hinter einer

kleinen Bodenwelle eine undeutliche Bewegung. Ich sah nur noch den Rücken eines grauen Tieres im seitlichen Waldrand verschwinden. Da ich meinte, daß mich das Tier noch nicht wahrgenommen hatte, blieb ich zunächst regungslos stehen. Plötzlich ertönte etwa an der Stelle, wo das unbekannte Tier verschwunden war, das lärmende Rätschen eines Eichelhähers. Kurz darauf fielen weitere Häher in das warnende Geschrei ein, es mußte wohl das rätselhafte Tier der Auslöser dieses Spektakels gewesen sein.

Während ich mir noch Gedanken über die Art des Tieres machte, trat es plötzlich wieder auf den Weg. Meine Überraschung war perfekt, hatte ich doch eine starke Wildkatze etwa dreißig Meter vor mir. Ein wirklich seltener Anblick.

Frei stand das prächtige Raubtier einen Augenblick auf dem Weg und schaute, den Kopf rückwärts gewandt, in Richtung der bunten Häher, die hin und her flatterten und sich vor Aufregung förmlich zu überschlagen schienen.

Deutlich war mit dem Fernglas die gelbgraue Fellfärbung mit den dunklen Streifen und der stumpfe, schwarzgeringelte Schwanz mit ebenfalls schwarzer Endbinde zu erkennen. Der Größe nach mußte es wohl ein Kater sein.

Wenig später drehte sich die Wildkatze ab, trabte gewandt noch einige Schritte von mir fort und bog wieder in den Waldsaum ein, aus dem das Geschrei der Eichelhäher ertönte.

Noch im Banne dieses Erlebnisses dachte ich zwar an meine Kamera, sah aber sogleich ein, daß das Fotografieren des Tieres aus mehreren Gründen ausschied. Wahrscheinlich hätte die Katze eine Bewegung meinerseits sofort bemerkt, zudem reichten die ungünstigen Lichtverhältnisse bei trübem Wetter längst nicht aus, und darüberhinaus war die Entfernung für das im Augenblick verfügbare kurze Teleobjektiv doch zu groß. So bewahrte ich diese seltene Begegnung „nur“, aber dauerhaft, in Erinnerung.

In der Nähe unseres "Treffpunktes" konnte ich hin und wieder weibliches Rotwild beim Äsen beobachten.
Nachdem Moritz und Maxi das Revier verlassen hatten, blieben nur noch die "älteren Fuchsdamen" Feline und Molli übrig

Die Begegnung mit diesem Keiler, nicht weit vom Fuchstreffpunkt entfernt, flößte mir großen Respekt ein

Nach einem Weilchen verebbte das Geschrei der Häher, auch sie hatten wohl die Wildkatze aus den Augen verloren.

Bald schon fielen die ersten Schneeflokken, tauten aber meistens auch ebenso rasch wieder weg. Die neuerliche Ranzzeit der Füchse stand bevor.

Nachdem sich Frau Holle abermals kurzzeitig ausgetobt hatte, blieb zumindest auf den Höhenlagen des Waldes einige Tage eine geschlossene Schneedecke liegen. Auch die Wildsauen hatten jetzt ihre Paarungszeit, die sogenannte „Rauschzeit". Solche urigen Schwarzkittel im tiefverschneiten Winterwald zu beobachten, ist immer ein eindrucksvolles Erlebnis. Häufig, wenn beispielsweise ein Keiler eine Bache hartnäckig bedrängt oder gar zwei Keiler um eine Bache streiten, kann man diese lautstarken Auseinandersetzungen auch weithin hören.

Feline und Molli wurden wieder sehr unstet und ließen sich manchmal tagelang nicht sehen. Die Ranzzeit nahm ihren gewohnten Lauf, abends war das heisere Bellen der Füchse oft zu hören. Hin und wieder sah ich außer den beiden Fähen auch mal den einen oder anderen fremden Fuchs über einen Waldweg huschen.

Mehrmals beobachtete ich Molli, wie sie, die Vorderbeine eingeknickt, Brust und Kopf seitlich am Boden mit den Wangen ein Stück auf der Schneedecke entlang rieb. Meist blieb sie mit den Hinterbeinen aufrecht stehen, manchmal warf sie sich aber auch ganz auf die Seite und schlug mehrfach zuckend mit den Hinterbeinen aus. Danach erhob sie sich und trottete davon. Bei den Füchsen befinden sich an den Lippen im Schnauzenwinkelbereich die sogenannten Maxillardrüsen, die ein Sekret absondern. Dieses Sekret wird - wahrscheinlich zur Territoriumsmarkierung - im Gras, an Baumstubben oder an am Boden liegenden Ästen abgerieben.

Das hatte ich schon wiederholt gesehen. Daß Molli das aber auf Schnee tat, wo ja eine Duftmarkierung wohl nicht von langer Dauer sein würde, war schon verwunderlich.

Bald war der Schnee wieder verschwunden, manchmal wurde es bereits recht warm, aber noch war Winter. Aber jetzt, mitten in der Ranzzeit, traf das Schicksal die „Fuchsfamilie" erneut hart. Gegen Ende Januar erreichte mich der Anruf eines Forstmannes, der auf der Fahrstraße, die am Rande des Fuchsreviers vorbeiführt, einen durch ein Fahrzeug getöteten Fuchs fand. Er hatte ihn von der Fahrbahn genommen und am Waldrand abgelegt. Mit etwas flauem Gefühl im Magen fuhr ich dorthin. Ein trauriger Anblick bot sich mir, es war Molli, die nun tot vor mir lag. Am Nachmittag zuvor war sie noch vertraut zu mir gekommen, und ich hatte ja nicht geahnt, daß ich sie da zum letzten Mal lebendig vor mir gesehen hatte.

Der Verkehrstod ist das Los vieler Füchse. Auf der nächtlichen Suche nach Nahrung - tote oder verletzte Tiere entlang der Straßen - fallen sie auch selbst in hohem Maße dem Autoverkehr zum Opfer.

Auch Feline hatte ich bereits seit einiger Zeit nicht zu Gesicht bekommen, so daß ich mir jetzt - besonders aufgrund des Unfalls von Molli - ernsthafte Gedanken über ihren Verbleib machte. Sollte am Ende auch ihr etwas zugestoßen sein?

Zu meiner großen Erleichterung fand sich Feline wenige Tage nach Mollis Tod wieder ein, aber wie sah sie aus? Stark

Mit Einbruch des Winters gab es wieder eine traurige Nachricht. Ein Förster rief mich zu der Unglücksstelle - hier lag Molli tot vor mir, von einem Auto überfahren.
Um so erleichterter war ich, als Feline nach langer Abwesenheit - wenn auch verletzt - wieder vor mir stand

hinkend näherte sie sich mir, sie machte einen bedauernswerten Eindruck. Am linken Hinterbein fehlte oberhalb des Fersengelenkes auf etwa acht Zentimeter Breite rundum das Fell. Es war wie abgestreift, die rohe Haut lag frei. Ebenso hatte sie an der linken Schnauzenseite eine stärkere Verletzung. Die Oberlippe war seitlich verletzt und das Fell zwischen Lippe und Auge zerrissen, aber die Wunde blutete schon nicht mehr. Erst etwas später bemerkte ich, daß auch an beiden Innenseiten der hinteren Oberschenkel das Fell vollkommen fehlte. Wie Feline zu diesen eigenartigen Verletzungen gekommen war, blieb ungeklärt. Alle angestellten Grübeleien und Nachforschungen blieben ergebnislos. Der zuerst aufgetauchte Verdacht, daß sich Feline die Verletzung in einem Kampf mit einem wildernden Hund zugezogen haben könnte, scheidet wohl aufgrund der Tatsache aus, daß das Fell an den Beinen abgerissen war, ohne daß irgendeine tiefere Wunde zurückblieb. So bleibt schließlich nur die Vermutung, daß Felines Verletzungen auch durch einen Unfall in Verbindung mit einem Kraftfahrzeug verursacht wurden.

Trotz der gerade herrschenden Kälteperiode überstand Feline diese Verletzungen anscheinend ohne größere Probleme. Bald schon konnte sie wieder normal laufen, die bloß zutageliegende rosa Haut verfärbte sich lederartig graubraun.

Offensichtlich wirkten sich ihre Verletzungen nach kurzer Zeit aber schon nicht mehr nachteilig auf das Ranzverhalten aus. Feline kam sehr unregelmäßig und manchmal recht spät zum „Treffpunkt“, ein anderes Mal sah ich einen weiteren Fuchs in ihrer unmittelbaren Nähe. Als dieser mich jedoch bemerkte, war er sogleich wieder verschwunden.

Bereits Anfang März - also nach etwa sechs bis sieben Wochen - wuchs wieder ein dünnes Fell über die bis dahin offenen Hautpartien. Die Wunde an der Schnauze blieb längere Zeit deutlich sichtbar und blutete verschiedentlich leicht, sie ist wohl durch die Beanspruchung beim Beutefang hin und wieder aufgeplatzt.

Ich aber war froh, daß Feline - sie war jetzt genau vier Jahre alt - zum Frühjahrsbeginn wieder einen vollkommen gesunden Eindruck machte.

Scharen von Kranichen waren laut trompetend in Keilformationen bereits nach Nordosten in ihre Brutgebiete durchgezogen. Buchfink, Mistel- und Singdrossel schmetterten ihre Weisen, Spechte trommelten und an sonnigen Plätzen blühten die ersten goldgelben Sterne des Huflattichs.

Nun blieb nur zu hoffen, daß die Strapazen der Vergangenheit Feline nicht zu arg zugesetzt hatten und sie trotzdem wieder Nachwuchs und erneutes Leben ins Fuchsrevier bringen würde.

Und tatsächlich, Anfang April - nachdem ich Feline drei Tage nicht zu Gesicht bekommen hatte - erschien sie wieder, mir deutlich sichtbarem Gesäuge. Sie hatte also, trotz aller Widrigkeiten, erneut Junge zur Welt gebracht.

Der relativ späte Wurftermin gegenüber jenen der Vergangenheit könnte seine Ursache in dem, durch ihre schwere Verletzung bedingten, zeitlich verzögerten Ablauf der Ranz haben.

Würde ich wohl dieses Jahr Felines Bau finden? Oder würde sie mich nochmals, wie bereits vor drei Jahren, zu ihren Jungen führen? Doch solche Gedanken waren wohl zu vermessen.

Anfang Mai, Feline hatte sich eines abends gerade zu mir gesellt, sah ich plötzlich einen weiteren Fuchs über den Waldweg traben. Kurz darauf erschien er in geringer Entfernung zwischen einigen kleinen Fichten und schaute neugierig zu

mir herüber. Wer mochte denn das wohl sein? Sicherlich ein Fuchs, der mich kannte, aber außer Feline hatte ich lange Zeit keinen anderen mehr hier gesehen. Trotz der auffälligen Annäherung machte er doch noch einen scheuen Eindruck, auch auf gutes Zureden näherte er sich nur noch um wenige Meter.

Und dann kamen mir das eigenartige Verhalten, das Gesicht und die Augen doch auch bekannt vor. Letztendlich erkannte ich das Merkmal, das alle Zweifel beseitigte, den leicht deformierten Rand des rechten Ohres. Mir fiel es plötzlich wie Schuppen von den Augen, ja, es war Paulinchen! Konnte das denn wahr sein? Sie, die ich längst tot geglaubt und etwa ein dreiviertel Jahr nicht mehr gesehen hatte, stand wieder lebendig vor mir! Es war kaum zu fassen und meine Freude groß. Ich warf ihr ein paar Leckerbissen zu, die sie sich auch augenblicklich holte.

Feline war erneut Mutter geworden. Wieder hatte ich die Hoffnung, daß sie mich zu ihren Jungen führen würde

Paulinchen lebte! Nach über acht Monaten Abwesenheit stand sie plötzlich wieder vor mir

Auch an den folgenden Tagen sah ich sie hin und wieder, bei einem starken Regenschauer kam sie mir bis auf etwa drei Meter nahe. Da sah ich, daß sie unter dem linken Auge eine starke, schräg verlaufende Narbe trug, und ebenfalls am linken Hinterbein war eine größere, bereits verheilte Verletzung sichtbar. Sollten diese Verletzungen der Grund dafür gewesen sein, daß sie damals so plötzlich verschwunden war und den Kontakt verloren hatte? Fragen, die nicht mehr zu klären sind.

Wichtig war nur, daß Paulinchen lebte und sich nach solch langer Zeit noch an mich erinnerte und wieder bei mir einfand.

Bei diesen kurzen Begegnungen konnte ich jedoch nicht feststellen, ob Paulinchen auch in diesem Jahr wieder Junge hatte.

Nur wenige Tage nach der ersten Wiederbegegnung mit Paulinchen erwartete mich eine weitere Überraschung. Kurz nachdem ich mich eines Vormittags bei leichtem Sprühregen am „Treffpunkt" eingefunden hatte, traf auch Feline ein. Ich hatte viel Zeit mitgebracht und wollte mal wieder versuchen, dem Geheimnis von Felines Bau und ihren Kindern auf die Spur zu kommen.

Nach einiger Zeit entfernte sie sich auf einem der Waldwege. Ich folgte ihr ohne Eile, hin und wieder blieb sie stehen und blickte wie wartend zu mir zurück. Nach knapp 300 Metern bog sie nach links vom Weg ab. Weiter ging es über eine sehr unübersichtliche Windwurffläche, genau auf die Fichtendickung zu, in der sie im Vorjahr ihre Jungen hatte. Ich war mir bereits sicher, daß das dieses Jahr wieder so sein würde. Doch nach wiederum mehr als 200 Metern ging sie rechts an diesem Jungfichtenbestand vorbei und abermals halbrechts abbiegend in die benachbarte Dickung hinein. Im etwas lückigen Dikkungsrand konnte ich ihr zunächst noch folgen, doch bald stand ich auf einer knapp zimmergroßen Lichtung allein. Feline war im Dickicht verschwunden.

Jetzt gab es nur noch zwei Möglichkeiten, entweder aufgeben oder einfach warten, vielleicht würde Feline ja nochmals wiederkommen. Und sie kam wieder. Nach über einer Viertelstunde stand sie unvermittelt wieder neben mir! Es war fast unglaublich.

Immer wieder leise zu ihr sprechend, versuchte ich, den weiteren Weg mehr an den Dickungsrand zu verlegen, und hoffte so, sie besser im Auge behalten zu können. Das gelang nur ein kleines Stückchen, dann bog sie wieder ins Innere ab. Hatte sie nun in dieser Undurchdringlichkeit ihre Jungen versteckt, oder gar erst in der übernächsten Dickung?

Ein Stück weiter trennte ein schmaler Waldweg diese beiden Dickungen. Ich

eilte voraus, um festzustellen, ob sie in diesem Dickungsteil verblieb oder auf dem Weg zum nächsten den Waldweg überqueren würde. Wenige Augenblicke später kam Feline von rechts über den Weg und verschwand links im Unterholz. Erneut folgte ich ihr, verlor sie aber kurz darauf bereits wieder aus den Augen. In der Mitte dieses Dickungskomplexes befanden sich einige unterschiedlich große, freie Stellen, aber auch hier fand ich keine Anzeichen eines Fuchsbaues. So schwand auch das letzte Fünkchen Hoffnung.

Nachdem ich dann in den Altfichten auf der Vorderseite der Dickung einige der dort vorhandenen Wurzelteller untersucht hatte, durchquerte ich nochmals die Dikkung, um die rückwärtige Seite zu inspizieren. Bald aber gab ich die weitere Sucherei auf, mir blieb als letzte Chance wiederum nur noch das Warten.

Aber diesmal brauchte es nur etwa acht bis zehn Minuten, dann stand Feline wie zufällig wieder neben mir. Da sie von hinten kam, bemerkte ich sie erst, als sie unmittelbar neben mir stand. Ich war erleichtert, denn hier war der Wald längst nicht so dicht. Auf einer relativ freien Fläche zwischen der Dickung und den benachbarten älteren Buchen und Lärchen war die Sicht wesentlich freier und nur durch alte, trockene Adlerfarngestrüppe, einzeln stehende, kleine Fichten und herumliegendes Astwerk behindert.

Dazwischen war der steinige Waldboden streckenweise von Wildschweinen stark durchwühlt und erschwerte das Vorwärts-

Es war sensationell. Feline führte mich über eine Distanz von mehr als einen Kilometer zu ihrem Bau. Genau wie schon vor drei Jahren, wartete sie in dem unwegsamen Gelände immer wieder auf mich, damit ich ihr folgen konnte

kommen. Feline aber trabte ungehindert hindurch, und ich folgte ihr so gut es ging. Hin und wieder blieb ich stehen, sprach zu ihr und veranlaßte sie so, ebenfalls kurz zu verweilen. Dadurch konnte ich mit Erfolg verhindern, daß der Abstand zwischen uns zu groß wurde und ich Feline wieder aus den Augen verlor.

Nach einer längeren Strecke blieb sie wie unschlüssig stehen. Ich ging zu ihr und gab ihr als Belohnung für diese weite Strecke, die sie mich geleitet hatte, einige kleine Leckerbissen. Vielleicht würde ich damit dem entscheidenden Ziel näherkommen. Feline trug diese Bröckchen ein kurzes Stück zwischen die Altbäume und verbuddelte sie in einer Erdmulde. Nun war mir klar, daß ich nicht mehr weit vom Bau entfernt sein konnte. Ich folgte Feline nun auf Schritt und Tritt, aber sie ging scheinbar ziellos mal hier und mal dort hin.

Plötzlich sah ich den so sehr erhofften Wurzelstock, nur wenig entfernt, vor mir. Ja, das konnte Felines Versteck sein, und so war es auch tatsächlich. Feline trabte herzu und verschwand dann auf der Rückseite des Wurzelstocks. Ich ging näher heran und bemerkte, daß neben einem kleinen Loch auf der Vorderseite die Erde ziemlich festgetreten war. Das konnte nur von den Welpen sein, denn dieser Baueingang war für Feline zu eng.

Unverhofft erschien in dieser Öffnung ein winziges, graubraunes Füchslein mit noch blauen Augen, schaute einen Augenblick scheinbar erstaunt auf meine Stiefel und verschwand flugs wieder im Bau.

Nun war ich am Ziel meiner Wünsche und außerordentlich erfreut. Ohne die ausdauernde Hilfe von Feline hätte ich diesen abgelegenen Bau wohl nie gefunden.

Dieser Wurzelstock war geradezu ideal für ein Fuchsversteck. Es befand sich unter dem großen Wurzelstock einer vom Sturm geworfenen Lärche. Sie hatte während des Sturzes einen weiteren, nahe bei ihr stehenden Lärchenstamm mit sich gerissen. Auf der Rückseite des Wurzeltellers war neben dem Stamm links und rechts je ein Höhleneingang.

Feline lief auf dem Weg zum Bau entweder um den Wurzelstock herum oder kletterte seitwärts daran empor und sprang auf

Plötzlich sah ich den Wurzelstock. Hier mußte sich Felines Bau befinden.
Ihre Jungen wagten sich anfangs nur sehr zögerlich aus dem Versteck hervor, wenn ich in der Nähe war

der Rückseite herunter. Öfters stand sie hier auf dem Wurzelanlauf des Stammes und schaute durch ein Loch im Wurzelwerk, das durch das Herausfallen der Erde zwischen den Wurzeln entstanden war. So konnte sie von dieser wunderbaren Aussichtsplattform die vor ihr liegende Freifläche hervorragend überblicken, ohne selbst gesehen zu werden.

Seitlich des Wurzelstocks standen einige ältere Fichten. Daran hingen noch ein paar Reste eines alten, zusammengebrochenen Gatterzaunes und eine trockene Fichtenkrone. Hierunter lag Feline gern in der Sonne und war doch gegen Sicht von außen gut gedeckt.

Wiederum etwa zehn Schritte entfernt lagen zwei kleinere Tümpel, daraus löschte Feline oft ihren Durst.

So war dieser Platz mit dem Wurzelteller als „Burganlage" wohl ein hervorragender Aufenthaltsort und ein Versteck für eine Fuchsfamilie.

Auf der Rückseite der „Burg" sah ich kurz darauf einen weiteren Welpen, vielleicht war es aber auch derselbe wie vorhin. Es waren aber auf jeden Fall die ersten Begegnungen mit den jetzt fünf Wochen alten Kindern von Feline.

Als ich mich zurückzog, stand Feline auf ihrem Aussichtsplatz und schaute mir nach. Ich sah nur ihren Kopf im Durchblick zwischen dem Wurzelwerk.

Auf dem Weg zurück gingen mir viele Gedanken durch den Kopf. Die Entfernung vom „Treffpunkt" bis zum Bau betrug schätzungsweise 700-800 Meter Luftlinie. Mit den durch das unwegsame Gelände und durch die Suche bedingten Umwegen also eine Entfernung von weit mehr als einen Kilometer, die mich Feline mit Ausdauer und Erfolg geleitet hatte.

Eine beachtliche und außergewöhnliche Leistung von Feline. Weit über eine Stunde - einschließlich der mehrmaligen Wartezeit auf Feline - hatte ich für diese Entfernung benötigt.

Dieses Ereignis beweist auch, daß die ähnliche, aber nicht ganz so aufwendige Führung durch Feline zu ihrem Bau vor drei Jahren nicht eine einzelne, mehr oder weniger zufällige, sondern wohl doch eine bewußt durchgeführte Handlung war. Die erschwerten Bedingungen lagen eigentlich nur in meinen, für Füchse wohl nur schwer zu begreifenden, sehr begrenzten Sinnesleistungen.

Wegen der zu erwartenden Schwierigkeiten beim Durchstreifen des sperrigen Nadelgezweiges hatte ich keine Kamera mitgenommen. So machte ich mich gegen Abend nochmals auf den Weg zum Bau, um nach Möglichkeit einige Fotos von Felines Kindern zu machen und auch ihre Anzahl festzustellen.

Ich nahm jetzt einen etwas anders verlaufenden und somit auch kürzeren Weg zum Bau. Bei der Anfahrt sah ich Feline bereits in der Nähe unseres „Treffpunkts". Ich hielt an, begab mich zu ihr und sprach ein bißchen auf sie ein. Dann ging ich zum Wagen zurück und fuhr weiter. Feline deutete dieses Verhalten wohl richtig. Sie mußte ja den weiteren Weg nehmen und da verlief die kürzeste Entfernung etwa diagonal zu meiner Anfahrt - und dem rechtwinklich davon ausgehenden Anmarschweg. Trotzdem war ich mehr als überrascht, als sie mich etwa 250 Meter vor dem Bau eingeholt hatte und plötzlich neben mir her lief. So begaben wir uns dann gemeinsam zum Bau. Feline lief zum vorderseitigen „Kindereingang" und rief ihre Kinder mit einigen kurzen Locklauten.

Wie auf ein Kommando kamen drei quirlige Füchslein hervorgepurzelt, drängelten sich wimmernd an Feline und begannen sofort zu saugen. Waren die Kleinen satt, spielten sie entweder miteinander, erkundeten die allernächste Umgebung des Baus oder zogen sich zum Schlafen zurück. Diesen Ablauf konnte ich in der folgenden Zeit häufiger beobachten.

Es blieb aber bei drei Kindern von Feline in diesem Jahr.

Mir gegenüber waren die Füchslein anfangs äußerst scheu. Sie flüchteten - auch in Anwesenheit von Feline - bei jeder unvorsichtigen Bewegung oder bei jedem ungewohnten Geräusch sofort in ihren Bau.

Feline legte sich häufig in meine Nähe, um zu schlafen, wobei sie jedoch ihren Ruheplatz öfters mal wechselte. Manchmal ging sie auch auf Beutejagd und ließ mich am Bau zurück. Anfangs blieben ihre Welpen dann aber im Bau, sie kamen in diesem Altersstadium nur hervor, wenn Feline sie lockte.

So erlebte ich auch an diesem Bau immer wieder interessante und auch lustige Szenen aus dem Leben einer Fuchsfamilie.

Nur den Rüden, den Vater von Felines Kindern, habe ich hier nie gesehen.

Etwa drei Wochen nachdem Feline mich erstmals zu ihrem neuen Bau geführt hatte, hat sie mit ihren Jungen diese doch augenscheinlich so ideale „Burg“ verlassen. Es dauerte mehrere Tage, bis ich die Jungfüchse - natürlich wiederum mit Felines Hilfe - erneut aufspüren konnte.

Bald war ich als "Familienmitglied" anerkannt. Ich durfte sogar wieder die "Aufsicht" übernehmen, wenn Feline auf Nahrungssuche ging und mich allein bei ihren Jungen zurückließ

Etwa auf halbem Wege zwischen dem Wurfbau und unserem „Treffpunkt“ hatte Feline ihre Welpen in einem alten, zusammengefallenen Wurzelstock innerhalb einer anderen Fichtendickung untergebracht. Allerdings waren es jetzt nur noch zwei Jungfüchse. Möglicherweise war der dritte während des Umzuges unterwegs verlorengegangen oder aber bereits vorher gestorben. War der Wurfbau wegen zu hoher Feuchtigkeit vielleicht doch nicht so ideal gewesen?

Während einer der beiden Welpen sehr vorsichtig blieb und sich nur selten einmal am Dickungsrand sehen ließ, wurde der andere doch wesentlich vertrauter. Auch wenn Feline nicht zugegen war, kam er öfters aus dem Dickicht heraus ins Freie. Ich stellte bald fest, daß es sich um eine kleine Fähe handelte und nannte sie Foxi. Da das Geschwisterchen sich während meiner Anwesenheit nicht heraustraute, spielte sie dann für gewöhnlich allein mit herumliegenden Aststückchen oder versuchte, Insekten zu fangen.

Von Felines Welpen hatte ich besonders Foxi in mein Herz geschlossen

Kam Feline hinzu, so drängte sich die Kleine an sie heran und bettelte um Fellpflege oder trank ausgiebig und laut schmatzend. Feline streckte sich dabei häufig lang am Boden aus und versuchte zu ruhen, was ihr aber nur unvollkommen gelang. Anschließend zogen sich beide - insbesondere während der heißen Tageszeit - zurück, um getrennt voneinander im Schatten unter Fichtenzweigen zu ruhen. Hin und wieder gesellte sich Foxi dann zu Feline, um zu schmusen, stieß aber zumeist auf wenig Gegenliebe und legte sich wieder abseits nieder oder verschwand im Dickicht.

So ging der Sommer dahin, und Foxi und ihr Geschwisterchen - letzteres habe ich auch weiterhin nur selten zu Gesicht bekommen - wuchsen heran.

Feline war und blieb vertrauensvoll und anhänglich wie eh und je. Mögen sie und ihre Nachkommen auch weiterhin ihre Spuren durch die vertrauten Wälder zwischen Weser, Fulda und Diemel ziehen!

Ungewöhnliche Erlebnisse in freier Wildbahn
Mein Jahr mit den Füchsen
Günther Schumann
Mit einem Vorwort von Erik Zimen
Wartberg Verlag